ANDREAS BURKERT

Jan Ullrich – Wieder im Rennen

Buch

Am Ende des härtesten Straßenrennens der Welt war Jan Ullrich ein weiteres Mal nur Zweiter. Doch für den deutschen Radrennsportler Jan Ullrich kam seine Platzierung bei der Tour de France 2003 einem Triumph gleich. Das bisweilen fast phlegmatisch wirkende Genie hatte eine tiefe Lebenskrise überwunden, der junge Familienvater hatte das spektakulärste Comeback des Jahres geschafft. Hinter dem Tour-Champion von 1997 lagen ein Führerscheinentzug wegen Alkohols am Steuer und Fahrerflucht, zwei Knieoperationen und Teamwechsel, eine Dopingsperre und mehr als 3000 mörderische Kilometer durch Frankreich. »Niemand weiß, wo ich hergekommen bin«, gab er nach der Tour zu bedenken. Von den ersten Erfolgen in der DDR über Amateursiege, den Wechsel in die Profi-Liga, gesundheitliche und motivatorische Probleme, die spektakuläre Rückkehr – aus nächster Nähe beschreibt Andreas Burkert den Menschen Jan Ullrich und dessen wechselhafte wie bemerkenswerte Sportlerkarriere.

Autor

Andreas Burkert, Jahrgang 1967, wechselte 2001 vom »Kölner Stadt-Anzeiger« in die Sportredaktion der »Süddeutschen Zeitung«. Dort schreibt er vorwiegend über Fußball, Radsport und Basketball. Dem Radsport ist er seit vielen Jahren verbunden: Zunächst als jugendlicher Beobachter vor dem Fernseher, später als regelmäßiger Begleiter der Tour de France sowie von Jan Ullrich.

Andreas Burkert

Jan Ullrich
Wieder im Rennen

GOLDMANN

Umwelthinweis:
Alle bedruckten Materialien dieses Taschenbuches
sind chlorfrei und umweltschonend.

Der Goldmann Verlag ist ein Unternehmen
der Verlagsgruppe Random House GmbH

4. Auflage
Originalausgabe im Taschenbuch Dezember 2003
© by Wilhelm Goldmann Verlag, München,
in der Verlagsgruppe Random House GmbH
Umschlaggestaltung: Design Team München
Satz: DTP im Verlag
Druck: GGP Media, Pößneck
Verlagsnummer: 15295
Redaktion: Eckard Schuster
KF · Herstellung: Sebastian Strohmaier
Made in Germany
ISBN 3-442-15295-X
www.goldmann-verlag.de

Für Ma

INHALT

Vorwort 9

»Ullrickhe, bravo!« 13

Ein Wurm aus Lütten-Klein 17

Auf Schicht in Berlin 24

Die große Freiheit 30

Glück am Kachelofen 34

Kronprinz in Windeln 41

Freie Fahrt nach Andorra 51

Freigegeben zur Verehrung 70

Zügellos durch den Winter 79

Seelöwe ohne Fell 82

Druiden und Zaubertrank 85

Winterdepression 93

Ein goldener Herbst 100

Fragen an die Denkfabrik 105

Geständnis in Courchevel 109

Meister der Werksfahrer 114

»Naturjoghurt - ungezuckert!« 118

Bluff und Nadelstiche 122

Besessen im Höhenzelt 126

Red Bull und der Riesenochse 133

Schneller als die Straßenbahn 145

Aquaplaning in Bouguenais 158

Zurück in der Heldengalerie 169

Familientreffen 174

Zeittafel 177

Dank 183

Personenregister 185

Bildnachweis 187

»Ich fühle mich nicht als Held.
Was ich mache, ist für mich ganz normal.«

(Jan Ullrich, Radprofi)

Radsport, so hat es ein mehrbändiges Lexikon aus dem Jahr 1954 dem Freund vermeintlich exotischer Leibesübungen beschrieben, umfasse neben Radwandern, Bahnrennen, Saalradsport und Radpolo auch die Disziplin des Straßenrennens. Wobei Straßenrennen »auf Straßen des allgemeinen Verkehrs« ausgetragen würden, wahlweise »als Fernfahrten oder als Rundstreckenrennen (z.B. ›Rund um den Stadtpark‹)«. Oh ja, das musste den Deutschen jemand genau erklären ein Jahr, nachdem die *Tour de France* gerade ihr 50-jähriges Jubiläum hinter sich gebracht hatte. Falls es sie denn überhaupt interessierte.

Denn die Deutschen berauschten sich damals exzessiv am *Wunder von Bern*, das ihnen nicht nur ihr Selbstwertgefühl zurückgab, sondern Deutschland endgültig verwandelte in das Land der Fußballgötter und Kopfballungeheuer. Radsport? Nun ja, ein nettes Fortbewegungsmittel so ein Velo, sicherlich. Und hübsch anzuschauen, wenn die Schichtarbeiter des Metiers in den rauchgeschwängerten Sechstage-Hallen auf besonders schnittigen Exemplaren im Endloskreis flitzten wie Hamster im Laufrad. Nein, eine Radsportnation war Deutschland bei weitem nicht. Das Phänomen des Gelbfiebers beschäftigte ehedem nur die Medizin, und den Belgischen Kreisel hielten die meisten wohl für einen Verkehrsknotenpunkt vor Brüssel.

Es hat also lange gedauert, bis das härteste Radrennen der Welt in Deutschland allgemeines Interesse erregte, bis die Tour de France für drei Wochen im Juli den Tagesablauf vieler Millionen Menschen in diesem Land bestimmte. Vorarbeit leisteten in den 60er Jahren Fahrer wie Hennes Junkermann, Rudi Altig, Karl-Heinz Kunde und Rolf Wolfshohl, ehe der 22-jährige Jungprofi Dietrich Thurau 1977 erste Schübe der Euphorie entfachte. 15 Tage war er im Gelben Trikot des Gesamtersten zu bewundern und begeisterte das Fernsehpublikum in der Heimat stundenlang für das letzte Abenteuer des Sports. Thurau landete am Ende noch vor der alternden Legende Eddy Merckx auf Platz fünf und scheiterte später leider an sich selbst beim Versuch, an diese Leistung anzuknüpfen. Doch das ist eine andere Geschichte.

Diese hier handelt von einem jungen Rotschopf, der Deutschland endgültig begeistert hat für die Tour de France, die legendäre Königin der mehrwöchigen Etappenfahrten, in ihrer Bedeutung unerreicht selbst von ihren namhaften Geschwistern, dem *Giro d'Italia* und der *Vuelta* durch Spanien. Die Tour ist ein sagenhaftes Spektakel, dem täglich ein Tross von mehreren tausend Fahrzeugen folgt und das viele Millionen Zuschauer bewegt, an der Strecke oder daheim im Fernsehsessel. Nirgendwo sonst können sie aus nächster Nähe archaischen Kämpfern so unmittelbar ins Antlitz blicken, in Gesichter, tief gebräunt und zerfurcht von der Qual bei Hitze, Regen oder Kälte. Die schwitzenden Protagonisten schrauben sich wie selbstverständlich die Berghänge der Alpen und Pyrenäen hinauf und liefern sich dabei packende Wettrennen, während ihre motorisierten Begleiter wegen der enormen Steigungen den ersten Gang einlegen müssen. Man nennt sie nach altem Brauch die »Helden der Landstraße«, und dass manche von ihnen womöglich mit medizinischer Überversorgung unterwegs sind, geht alljährlich unter in der Aufregung und Faszination angesichts der täglich wiederkehrenden Seifenoper aus Schmerzen, Adrenalin und Tränen.

Jan Ullrich hat seinen Landsleuten diesen mitreißenden Sport so nahe gebracht wie kein anderer. Er dient dem Publikum seit seinem Toursieg von 1997 als Idol, wie einst Boris Becker der deutsche Heros des Tennisspiels war und Michael Schumacher die Ikone der landesweit aktiven PS-Gemeinde verkörpert. 94 Jahre hatte die Nation anscheinend gut auf einen deutschen Sieger bei der berühmten Frankreich-Rundfahrt verzichten können, doch seine Großtat machte aus dem Sommersprossengesicht einen fortan unverzichtbaren Helden. Aufgewachsen und geformt im Osten (wo lange der Friedensfahrt-Champion Täve Schur als Idol schlechthin galt), gereift und etabliert im Westen – Jan Ullrich weckte als erster gesamtdeutscher Mythos die Sehnsüchte eines vereinten 80-Millionen-Volkes. Erst 23 war er bei seiner unbekümmerten Triumphfahrt Richtung Paris, und deshalb sahen die Experten in ihm den auf Ewigkeiten unbezwingbaren Seriensieger.

Es ist anders gekommen, wie man heute weiß. Jan Ullrich sammelte zweite Plätze wie mancher Politiker Ehefrauen, und seine gleichwohl bemerkenswerten Leistungen wurden ihm mehr und mehr als persönliche Niederlagen ausgelegt. Weil sich der Mecklenburger Wunderknabe einen eigenen Weg suchte durch die Leidenswelt seiner Branche. Und weil sich ihm plötzlich in Gestalt des Amerikaners Lance Armstrong jemand in den Weg stellte, der Talent und Ehrgeiz mit einer professionellen Perfektion verbindet wie wohl noch nie ein Sportler vor ihm.

Dennoch vermitteln die Deutschen nicht den Eindruck, als verehrten sie einen ewigen Verlierer, wie dies in den 70er

Jahren die Holländer taten mit dem sechsmaligen Tour-Zweiten Joop Zoetemelk oder in den Jahren von Junkermann und Altig die Franzosen mit ihrem Liebling Raymond Poulidor – der kleine Franzose fuhr 14 Mal die Tour und trug nicht einmal das Gelbe Trikot. Die Deutschen schätzen den zurückhaltenden Star aus Rostock, der ihnen mit seiner Vita aus zahlreichen Höhepunkten und markanten Fehlleistungen den Eindruck vermittelt, als handele es sich bei ihm trotz seiner außergewöhnlichen Begabung um ein sehr irdisches Geschöpf. Nach einem in jeder Hinsicht aufregenden Jahr 2003 sind sie ohnehin wieder ganz guter Dinge, dass dieser Jan Ullrich seine ungewöhnliche Geschichte noch nicht zu Ende erzählt hat – dass er sich vielmehr, um die Sprache des Sports zu benutzen, wieder im Rennen befindet.

»Ullrickhe, bravo!«

Daniel Mangeas ist eine schlimme Nervensäge, ein blasser Franzose Anfang fünfzig mit schrankbrauner Haarpracht, der von seinem Stimmorgan lebt und seiner irrealen Begeisterung für den Radsport. Mangeas ist seit vielen Jahren Streckensprecher der Tour de France, in den Zielorten empfängt er mittags mit Verve die bunten Mobile der Werbekarawane und preist die Sponsoren fast hymnisch, als erscheine den Menschen reihenweise der Heilige Geist. Doch heute überbietet sich der professionelle Schreihals selbst, hier im Freizeitpark *Cap' Découverte*, einer stillgelegten Karbonmine im Departement Tarn, wo sich neuerdings die Jugend der Region mit Sommerski auf grünen Buckelpisten vergnügt.

Nur wenige hundert Zuschauer stehen hinter den eisernen Absperrungen, die bei der Frankreich-Rundfahrt das Publikum vom Podium fernhalten. Zu entlegen ist dieser Ort, und es ist heiß, verdammt heiß, 40 Grad vielleicht, doch Monsieur Mangeas zeigt keine Schwäche. »Quel retour de Jannnää Ullrickhe!«, schreit er in sein Mikrofon und übertrumpft mühelos die Siegermelodie aus den Boxen. Und noch einmal, »quel super retour!«, und da hat er vielleicht sogar Recht: was für eine Rückkehr, was für ein Comeback.

Jan Ullrich hat das erste Zeitfahren der 90. Tour de France gewonnen, mehr noch, er deklassierte den manischen Seriensieger der vergangenen Jahre, den Amerikaner Lance

Armstrong. Eine Minute 36 Sekunden Vorsprung nach 47 Kilometern, im Radsport eine kleine Ewigkeit. So einen wie den rothaarigen Deutschen hatten sich die Franzosen so sehr gewünscht zum hundertjährigen Jubiläum ihres heiligen Sportfestes; jemanden, der dem unterkühlten Vollprofi aus Austin, Texas, als veritabler Konkurrent begegnen könnte. Damit es mal ein bisschen spannend zugeht bei ihrem traditionsreichen Spektakel. Schon als Mangeas in Cap' Découverte Ullrichs verblüffende Zwischenzeiten über die Strecke schickte, haben die Menschen im Ziel aufgeregt in die Hände geklatscht, und im Pressezentrum applaudierten die Journalisten aus aller Welt lange vor der Ankunft des deutschen Radprofis vom Rennstall Bianchi. Denn das hatte ihm niemand zugetraut, nach all dem, was er erlebt hatte im Jahr zuvor, nicht einmal er selbst. Er hat ja am Boden gelegen, scheinbar verloren in den Ruinen seines Lebens. Alles vergessen.

Als Jan Ullrich im mintfarbenen Bianchi-Trikot entkräftet von seiner Rennmaschine steigt, klopfen ihm die Leute auf die Schulter: »Ullrickhe, bravo!«, rufen sie. Für eine Hetzjagd gegen den Sekundenzeiger durch Frankreichs gnadenlose Julihitze sieht er ganz gut aus. »Das waren Riesenschmerzen«, schnauft er seinem Begrüßungskomitee zu, »aber heute ist ein großer Tag für mich, ja, so kann man das wohl sagen«. Kann er, denn Jan Ullrich, das hat man am zwölften Tag der Tour 2003 begriffen, ist wieder in der Lage, das härteste Radrennen der Welt zu gewinnen, eine dreiwöchige Tortur über mehr als 3500 Kilometer. Von der »Rückkehr des Wunderkindes« wird Frankreichs Sportbibel *L'Équipe* am nächsten Tag auf der Titelseite schwärmen. Doch die Schlagzeilen können die Emotionen nicht einfangen, die Ullrich erlebt in diesem magischen Moment, in einem abgelegenen Freizeitpark in Südfrankreich. Man sieht sie in seinen Augen, als er vom Podium zunächst Handküsschen in die Menge wirft und darauf den Blumenstrauß des Tagessiegers. Fünf Jahre hatte er ja keine Etappe mehr gewonnen bei der Tour, seinem Lieblingsrennen, das ihn in aller Welt bekannt gemacht hat als juvenilen Sieger von 1997. Solch eine lange Zeit macht vergesslich, und so muss ihm der Zeremonienmeister Bernard Hinault schließlich den traditionellen Weg weisen zur Gratulationsparade der Ehrengäste. Und irgendwo dort hinten, im Chaos auf dem glühenden Parkplatz der Mannschaftswagen, steigt Rudy Pevenage aus seinem Auto, Ullrichs väterlicher Begleiter und sein sportlicher Leiter. Als er vorher seinen Athleten durchs Ziel fahren sah und mit einem Blick auf den Monitor das Ergebnis realisierte, hat dieser sonst so unterkühlte Belgier geweint. »Nur ein wenig«, erzählt er später, es ist ihm etwas peinlich. Und dann sagt er: »Das ist der schönste Tag in meiner Karriere als Sportlicher Leiter, und wenn du Gefühl hast für die Sache, ist es schwer, wie ein Eisklotz zu sein.« Zu ungewöhnlich ist diese Geschichte, die Rückkehr des Jan Ullrich. Das Comeback des Jahres 2003.

Dies ist die Geschichte eines Sportlers, der seine Karriere offenbar als Achterbahnfahrt begreift, eines bisweilen trägen Genies im Sattel, dem seine frühen Erfolge zufielen, einfach so, wie man meinen könnte. Nur wegen seines Talents. Die Fachwelt hat es gerne in ihren bevorzugten Parametern definiert: in den Beinen fast 2000 Watt Maximalleistung, Ruhepuls 32, fast sechs Liter Lungenvolumen und 1400 Milliliter Herzgröße. Normal sind 700. Ein Jahrhunderttalent. Erster deutscher Tour-Sieger mit zarten 23, Weltmeister, Olympiasieger. Ein gesamtdeutscher Held einer Nation, die sich soeben vom alternden Sportler Boris Becker zu verabschieden hatte. Das Idol Ullrich wuchs, nur der dahinter steckende Mensch kam nicht mit. Ullrich begann sehr spät damit, vielleicht erst im Jahr vor seiner Rückkehr in die Weltspitze einer Sportart, in der Selbstaufgabe und Schmerzen zum Handwerk zählen. Er war in Verruf geraten und plötzlich ohne Perspektive, er hatte einen sicheren »Marsch durch jedes Fettnäpfchen, das rumstand« hinter sich, wie er wenige Tage nach seinem Triumph von Cap' Découverte erzählt. Er hatte mit dem Radsport aufhören wollen, »denn ich war da in einer Depression«. Auch davon wird noch zu berichten sein.

Nun ist er wieder mit sich im Reinen, und dass er wohl auch diesmal nicht die Tour gewinnen wird, ignoriert er. Er mag wieder einmal Platz zwei belegen, doch diesmal nähert sich Jan Ullrich der geschmückten Kapitale Paris als Gewinner, als umschwärmter Sieger über sich selbst. Er hat das längst begriffen, als er am letzten Ruhetag der Tour die Presse empfängt auf der viel zu kleinen Terrasse eines schäbigen Kettenhotels an der A 64 nahe Pau. So viel ist ihm bereits widerfahren, im letzten Jahr und bei dieser Tour, doch jetzt wirkt er selbstbewusst und ausgeglichen wie lange nicht. Dass er überhaupt wieder in der Lage sei, die Tour zu gewinnen, »das ist ein Traum und ein kleines Wunder«, spricht er in den Wald der Mikrofone. Und dann sagt er: »Ich weiß als Einziger, wo ich hergekommen bin.«

Ein Wurm aus Lütten-Klein

Wer wissen will, wo dieser Jan Ullrich wirklich herkommt, der muss sich an die Ostsee nach Rostock begeben, und er muss Peter Sager treffen. Sie nennen ihn hier Ullrichs Entdecker, und Sager hat ihn tatsächlich entdeckt, ein Zufall, damals, zu Zeiten der DDR. Eine lange Geschichte. Der Weg zu Peter Sager führt in die Südstadt, durch eine Waldstraße gleich neben dem Neuen Friedhof, »ein Friedhof, das passt doch«, sagt Sager spitz. Er findet, dass früher vieles besser gewesen sei. Sager, Jahrgang 42, meint »natürlich nicht die Ideologie«, sondern die Förderung der Sportjugend. Man möchte ihm das glauben, wenn man hinter dem schmucklosen Umkleidebau den alten Ford Transit stehen sieht, mit dem Sager heute seine Jungs zu den Rennen fährt. Vorne am Gebäude hängt ein rostiger taschenbuchgroßer Briefkasten. Viel Post kommt wohl nicht.

Hier hat also alles angefangen mit dem besten deutschen Radrennfahrer, bei der SG Dynamo Rostock-West, so hieß der Klub ehedem, vor der Wende. Sagers Büro ist ein trostloser Garagenanbau, an der Wand hängt ein Telekom-Trikot, Jan Ullrich hat es signiert: »Für meinen Trainer und Freund Peter«. Einen Raum weiter prangt ein »Ehrenbanner des Deutschen Turn- und Sportbundes der DDR«. Davor hat Ullrich oft trainiert, »hier«, sagt Sager und zeigt amüsiert ein selbst gebautes Ergometer, ein Wunderwerk sozialistischer

Technik aus einem 40 Jahre alten *Diamant*-Rad und einer Lichtmaschine als Widerstand. Meistens haben sie jedoch draußen gearbeitet, auf der nicht überdachten Zementbahn. 16 Stufen führen hinauf auf den Zuschauerhügel oberhalb des Betonovals, »250 Meter, 38 Grad Kurvenneigung«, doziert Sager, ein kompakter Mann mit festem Händedruck und weicher Stimme. Im Innenraum der Rennbahn hat er mit Jan Ullrich manchmal Tennis gespielt, wenn er auf Besuch kam.

Der kleine Jan, geboren als Sonntagskind am ersten Advent 1973, ist ein Alleskönner gewesen, ein Bewegungstalent, »ein kleiner, bescheidener Junge, eine Matchbox«, so nennt es Sager. Im Herbst 1983 hat er ihn zum ersten Mal gesehen, ein Zufall, wie gesagt, denn für den Crosslauf der Neunjährigen fehlte ihm noch ein Starter. Er hat seine Jungs gefragt, ob jemand einen Kandidaten wüsste, und gemeldet hat sich Stefan Ullrich, Jans zwei Jahre älterer Bruder.

»Ich hab noch einen Bruder, der is neun.«

»Okay, bringste mit, Sonntag früh um zehn im Park.«

Der Park heißt Fischerdorf, ein künstliches Grünrefugium in der Plattenbausiedlung im Stadtteil Lütten-Klein, dessen höchste Betonmonster 16 Stockwerke messen. Als Attraktion des Parks gilt der kleine See, um den sich über Hügel verlaufende rote Aschenwege schlängeln. Auf dem Parkplatz hielt an diesem Sonntag der weiße Trabbi von Ullrichs Mutter, »und dann stieg da ein kleiner Wurm aus«, erinnert sich Peter Sager. Der Wurm hat es dann allen gezeigt. Im Rennen liefen auch die Zehnjährigen mit, aber der kleine Jan gewann trotzdem. Mit Abstand. Zum Wochenbeginn machte Peter Sager dann rasch eines seiner Räder fertig und brachte es bei den Ullrichs in Papendorf vorbei, Jans erstes Velo überhaupt. Feierlich teilte Sager ihm mit: »Du bist jetzt ordentliches Mitglied bei Dynamo Rostock-West.«

In Papendorf, einem Kaff am Stadtrand Rostocks, wächst Jan Ullrich auf; mit seiner Mutter und den Brüdern Stefan und Thomas lebt er in einer Dachgeschosswohnung, 62 Quadratmeter, Dorfstraße 6a, ein unansehnlicher Wohnblock. Als Jan sechs ist, verlässt sein Vater das Haus. »Das war eine Erleichterung für die Kinder«, findet seine Mutter, »alle haben unter ihm gelitten«, mehr möchte sie dazu nicht sagen. Seither gibt es keinen Kontakt mehr, 1993 wird er ihn noch mal einmal sehen, bei einem Kriterium auf dem Kurfürstendamm in Berlin, bis heute das letzte Mal. »Ein Vater fehlt mir nicht«, sagt Ullrich heute ungerührt, »und mich reizt auch nicht, ihn aufzusuchen«. Er hat seine Mutter. Vom Vater blieb damals nur das Faible für den Sport, der Vater war ein talentierter Eisschnellläufer. Auch Jans Bruder Stefan ist später als Jugendlicher in der DDR eine Nummer über 800 Meter gewesen, und Thomas, der jüngere, das behauptet Peter Sager immerzu, »ist noch talentierter als Jan«. Er arbeitet heute bei der Allianz.

Die stolze Mutter von so viel Talent nimmt wieder ihren Mädchennamen an, Marianne Kaatz. Ihre Jungs seien mit der Scheidung gut zurechtgekommen, sagt sie; gerade Jan habe sich rasch neue Bezugspunkte gesucht, Männer wie Peter Sager, seinen späteren Trainer Peter Becker oder anschließend Rudy Pevenage. Marianne Kaatz ist eine Frau, die, wie man so schön sagt, mitten im Leben steht. Offen, geradeheraus und doch warmherzig. »Sie ist hinterher lange arbeitslos gewesen, das tat mir weh«, sagt Jan Ullrich, »denn Mutter ist eine sehr würdevolle, gebildete Frau mit einem unheimlich großen Herz.« Auf seine Mutter sei er »superstolz«.

Marianne Kaatz hat Landwirtschaft studiert und arbeitet zunächst im Staatsapparat, sie bringt ihre Jungs gut durch. Mit dem Trabant fahren sie in den Ferien in den Urlaub.

Thüringen, Erzgebirge, auf den Brocken, was eben so möglich ist. Später ziehen auch sie in einen Plattenbau, eine Dreizimmerwohnung, Wolgasterstraße in Lichtenhagen. Heute lebt Marianne Kaatz wieder in Papendorf, mit Jans jüngerem Halbbruder Felix. In einem schicken Einfamilienhaus im Neubaugebiet. Jan hat es ihr gekauft. Im Partykeller hat sie eine Ecke mit Bildern ihres berühmten Sohnes eingerichtet, und natürlich hat er auch ihr Trikots signiert. »Für meine liebe Familie in Rostock«, steht auf einem Gelben Tour-Trikot, und auf einem Bianchi-Shirt: »Bleibe so, wie Du bist.«

Sie sind früher eben gut miteinander ausgekommen, auch wenn ihr der Kurze schon mal mit seinen Spikes den Linoleumboden zerkratzt hat, aus Wut, wenn sie ihm aus erzieherischen Gründen Radverbot hat erteilen müssen. Jan hat sich dann zurückgezogen, »er war total deprimiert und hatte fast seinen Lebensmut verloren«. Weshalb Peter Sager bei ihr vorbeigekommen ist und um Gnade für seinen Klienten ersucht hat. Marianne Kaatz verbot ihrem Zweitältesten seitdem nie wieder das Training. Zu anstrengend. Auf die Fortbewegung mit dem Rennrad mochte Jan nicht mehr verzichten, er ist schon sehr früh besessen gewesen von diesem Sport.

André Korff hat das ganz früh bemerkt. Er ist einer seiner ersten Gegner gewesen, und er litt anfangs sehr unter Ullrichs Ehrgeiz. Korff wurde später selbst ein ordentlicher Profi, doch als Schüler träumte er von einer richtig großen Karriere, damals in Rostock. Etwas früher als Jan hatte er mit dem Radfahren begonnen, beim »Fischkombinat Rostock« trainierten sie auf dem Parkplatz seiner Siedlung in Lichtenhagen. Auch Korff besaß reichlich Talent, er gewann in der Gegend jedes Rennen. Bis dieser rothaarige Knirps mit den dünnen Beinen und den lustigen Sommersprossen auftauchte: »Ich konnte hinkommen, wo ich wollte – wenn Jan am Start war, bin ich Zweiter geworden.« Mit zwölf wechselte Korff zu Dynamo, zu Peter Sager und seiner Gruppe, zu Jan. »Und von da an haben wir alles zusammen gemacht.« Vorzugsweise radeln.

Drei- bis viermal die Woche fahren sie mit dem Rennrad raus zu Peter Sager, und so, wie der große Ullrich heute im Sattel sitze, betont er, »das hat er hier gelernt«. Und überhaupt: »Wenn ich damals Leichtathletiktrainer gewesen wäre, wär Jan heute kein Renner, sondern Leichtathlet – das ist Fakt.« Noch heute hält Ullrich einen Bezirksrekord im Laufen, eine besondere Ausdauer und enorme Willenskräfte zeichneten ihn schon früh aus. Peter Sager kann sich an ein Ferientrainingslager in Wismar erinnern, als er nach dem Training eine Tafel Schokolade auslobte für denjenigen, der auf dem Rad einen Stehversuch über fünf Minuten hinbekäme. Er ist dann in die Herberge gegangen, um das Abendbrot zu richten, und eine halbe Stunde später kam einer zu ihm gelaufen:

»Herr Sager, der Jan steht immer noch.«

Dieser Enthusiasmus und die Leidenschaft spiegeln sich bereits früh in den Ergebnislisten. Jan, anfangs oft begleitet von Oma Ingeborg und Opa Fritz, fährt erste Siege ein. Die historische Premiere von Ullrichs Siegesserie erlebt Warnemünde bei einem Schülerrennen Ende 1985. Später ist der Vierer von Rostock-West mit ihm und André Korff eine Schau in der Region. 1987 gewinnen sie in ihren roten Dynamo-Trikots die DDR-Schülermeisterschaft im 2000-Meter-Mannschaftszeitfahren auf der Roschkampfbahn in Leipzig. Ullrichs erster bedeutender Titel. Sein Weg im engmaschigen Fördersystem der DDR ist nun vorgezeichnet, denn seine Fähigkeiten bleiben den Talentfahndern nicht verborgen. Im Mai 1987 gewinnt sein robuster gebauter

Freund André Korff die Radsportwertung bei der überregionalen Leistungsüberprüfung der Spartakiaden-Bewegung, doch Jan Ullrich, jetzt 13 Jahre alt, schneidet bei diesem Drillpotpourri aus Radeln, Klimmzügen, Liegestütz, Gewandtheitsläufen und Kastenspringen insgesamt am besten ab. Bald darauf meldet sich ein Augenzeuge bei Peter Sager: »Du, den Korff und den Ullrich hätt ich gerne.« Der Mann heißt Peter Becker.

Becker, Jahrgang 1938, lernte Förster, doch einen Namen hat er sich als harter Hund im Sportwesen gemacht, als Leistungsfanatiker im Dienst des sozialistischen Vaterlandes. Und als entscheidender Förderer des gesamtdeutschen Wunderknaben Jan Ullrich, »een Jahrhunderttalent«, wie er berlinert. Wer ihn in seinem in Eigenleistung errichteten Haus am Prenzlauer Berg besucht, blickt in stets kritische Augen unter dichten Brauen und hört die strenge Tonlage des Hauptmannes Becker, der Anfang der 60er Jahre auf Diplomsportlehrer umsattelte. Seine Abschlussarbeit an der Hochschule für Körperkultur und Sport in Leipzig schrieb er über »Die körperliche Vorbereitung männlicher jugendlicher Radrennsportler«, und das Vorwort endete linientreu mit einer gängigen Formel des Einheitsstaats: »Zum Ruhme und zur Ehre unserer sozialistischen Heimat!«

Den jungen Ullrich erlebt Peter Becker erstmals 1986 bei einem Crosswettkampf in Potsdam. »Menschenskind«, denkt er sich, »wie der Bursche da durchzieht, das ist schon toll.« Ein Jahr später delegiert ihn der SC Dynamo an die Kinder- und Jugendsportschule (KJS) in Berlin. »Zuliefern« heißt das im DDR-Jargon – der Eintritt in das berüchtigte Förderprogramm der DDR-Sportwissenschaft. Jan ist noch 13, doch die Tests haben außergewöhnlich günstige Hebelverhältnisse ergeben. Dass dort jemand heranwächst, der zu einem deutschen Idol aufsteigen wird, ahnt Peter Becker noch nicht.

Nur eines ist ihm längst aufgefallen: »Um den Mund herum hatte er so einen Zug, der Willensstärke und unheimlichen Biss verriet.«

Der erste Karrieresprung des Jan Ullrich bedeutet aber auch den Abschied von daheim und den Beginn eines »Zigeunerlebens«, wie er seinen bis heute andauernden Weg selbst beschreibt. Die Mutter lässt ihn ziehen, natürlich. Das Gefühl, einen Sohn zu verlieren, kennt sie ja bereits aus dem Jahr zuvor, als Stefan in die KJS zog. »Ich hätte sie doch umgebracht, wenn ich das nicht erlaubt hätte«, sagt Marianne Kaatz. Zwingen musste ihn offensichtlich niemand, »mit den ersten Erfolgen habe ich schon immer vom Club geträumt«, meint Ullrich, »und dass André und ich dann zu den zwölf Auserwählten aus der ganzen DDR zählten, das hat mich mächtig stolz gemacht.«

Und so chauffiert die Mama ihren Jan im weißen Trabant nach Berlin, zur Einschulung der achten Klasse am 1. September 1987. Mit André Korff und einem Sprinter bezieht Ullrich im Sportinternat des SC Dynamo Berlin in Weißensee ein Drei-Mann-Zimmer: ein Einzel- und ein Doppelbett, drei Schränke und drei Regale – Küche, Dusche und WC auf dem Gang. Jan Ullrich hat seinen Beutel unten ins Etagenbett abgelegt, und dann tritt Peter Becker vor die aufgeregten Neuankömmlinge. Willkommenspräsente, das macht sein Blick rasch klar, sind von ihm nicht zu erwarten. »Ihr meint nun sicher, ihr seid die Größten«, teilt er ihnen zur Begrüßung mit, »doch jetzt beginnt erst der Ernst des Lebens, und ab heute sind zweite und dritte Plätze nichts mehr wert.« Jan und André schauen sich an und schweigen. Im Rückblick meint Korff: »Diese Worte werde ich nie vergessen.«

Auf Schicht in Berlin

Ein bisschen Schule und reichlich Sport – am Alltag im System der Planausbildung haben die jungen Kerle wenig auszusetzen. Heimweh? Kennt ein Jan Ullrich nicht. »Niemals«, beteuert er, »ich wollte halt gut Rad fahren, und Telefon gab's damals ja auch schon.« Die Mama sieht er alle paar Wochen, sie verabreden sich dann unter der Weltzeituhr am Alexanderplatz. Oder er schickt ihr Apfelsinen heim nach Papendorf, gesammelte Werke aus dem Speisesaal. Sie revanchiert sich mit etwas Taschengeld, zudem verdienen sich Jan und André regelmäßig Leistungsgeld. Korff etwa erhält mit 14 Jahren für seinen DDR-Titel im Punktefahren 30 Mark, »das war für uns unheimlich viel Geld«. Er hat das rasch unters Kopfkissen gelegt. Und Jan? »Hat das Geld eher verfressen: eine Westschokolade von Lindt aus dem Delikatessenladen für viersechzig, oder viel Eis, abends vor dem Fernsehen.« Ein Genießer sei »der Ulle« schon früh gewesen.

Das Internatsleben gefällt den Burschen, obwohl sie 21 Uhr Bettruhe für reichlich übertrieben halten. Manchmal müssen sie trotz arger Bedenken leider dagegen verstoßen, etwa im Winter, wenn sie ihre ersten Vorbilder in der nahen Werner-Seelenbinder-Halle live beim Sechstagerennen erleben möchten, die Olympiasieger (und späteren Telekom-Fahrer) Uwe Ampler und Olaf Ludwig. Ebenso unerfreulich ist, dass bei ihrer Rückkehr um elf Fenster und Türen verschlossen sind. Das gibt natürlich mächtig Ärger, und auch der angehende Weltstar Jan Ullrich muss mindestens einmal seine vertraute Umgebung im siebten Stock verlassen und zur Strafe allein im Krankenzimmer nächtigen. Reine Schikane. Er macht sich wenig daraus.

Wenn nur das Lernen nicht wäre! Viel Zeit dafür nimmt sich Jan nicht, und so ruhen montags bei der Klassenarbeit – nach einem anstrengenden Rennwochenende – nicht selten Schulbücher und Spickzettel auf den schmalen Knien. Die Naturwissenschaften bereiten ihm weniger Probleme, »das hat er schnell gefressen«, meint Peter Becker. Umso schwerer tut er sich jedoch mit dem Pauken der sozialistischen Geschichtsschreibung oder russischer Vokabeln. Fleißarbeiten. »Aber Jan hat immer irgendwie die Kurve bekommen, dass es nicht sonderlich auffiel.«

Was der mit schroffer Herzlichkeit regierende Zuchtmeister Becker weniger mitbekommt, weiß André Korff. Er ist ja selbst oft dabei gewesen, wenn sie heimlich Westfernsehen schauten, »das Sat1-Glücksrad oder auch die Tour de France«. Dann hat einer aus der Gruppe Schmiere gestanden, den langen Balkonflur im Blick, ein anderer zog ein Deckchen etwas über den Bildschirm, damit im Fall der Fälle nicht gleich das Programm zu erkennen war. Bis dahin hatten sie ihnen ja erzählt, die Friedensfahrt der Amateure durch Osteuropa sei das Größte für einen Radsportler und die Tour »unreeller Sport«, wie die Lehrer es nannten. Die Bilder aus Frankreich beeindrucken die Jungs trotzdem. Wie auch die schönen Poster aus der *Bravo*, die ihnen Korffs Großmutter aus Österreich regelmäßig zukommen lässt. Sie tapezieren damit ihr Zimmer, und wirklich stören tut sich daran niemand.

Weshalb auch, die Radlehrlinge erfüllen im Sattel ihre

Aufgaben zur vollsten Zufriedenheit. 1988 gewinnt Jan Ullrich in Pirna bei Dresden den DDR-Jugendtitel auf der Straße. Die athletische Grundausbildung der KJS formt das Bewegungstalent, dazu spult er Tausende Kilometer jährlich ab. Jan Ullrich hierzu: »Wir waren unersättlich nach Training.« Meist üben sie im flachen Terrain, manchmal an 300 Meter langen, bis zu 15-prozentigen Steigungen, die sie sich ein gutes Dutzend Mal hinaufzuwuchten haben – ohne sich aus dem Sattel zu erheben oder die Trittfrequenz zu ändern. Die Übung firmiert im Wochenplan unter dem Kürzel *K3*. Ullrich schleppt sich über einen Berg aus Schutt, den »Mont Klamott«, wie sie den Hügel nennen. Becker kontrolliert nach den Quälereien die Herzfrequenz und liest aus Jans Gesicht: »Das ist ein Wegstecker, der macht nie schlapp.«

Den letzten Schliff holen sich Beckers Jugendliche auf der Winterbahn, da ist sich der strenge Kommandant sicher, »beim Punktefahren«. Ausdauerndes Rundentreten bedeutet das, zwischendurch ein Punktesprint, alle fünf Runden, zwanzig Mal. Der Schüler Ullrich sei bis dahin keineswegs herausragend gewesen, betont Peter Becker, dafür war er wohl zu lange ein Hänfling. Weshalb ihn Becker nicht zu jedem Wettkampf mitnahm. »Geh mal lieber Fußball spielen«, hat er ihm dann gesagt, und in diesen Momenten konnte dieser kleine, stille, schüchterne Rotschopf richtig stinkig werden. »Da hat er sich ganz fürchterlich angekotzt«, bellt Peter Becker und lacht. Jan nennt Beckers Verhalten heute »feinfühlig« – damals schickte er oft »den Korffi« vor, auf dass der den strengen Trainer doch bitte umstimmen möge. Vergebens. Jan Ullrichs Zeit sollte noch kommen.

Die Zeit der politischen Wende erlebt er 15-jährig, als pubertierender Jüngling. Sein Körper hat sich endlich einen Ruck gegeben. Er wächst. Nicht mehr zu übersehen ist nun für seine Betreuer die genetisch vorbestimmte Disposition.

Sagenhafte Kräfte entwickeln sich in den langen Beinen, der Organismus arbeitet ungewöhnlich ausdauernd und erholt sich schneller als andere. Eine Fähigkeit, die seine Karriere prägen sollte. »Jan kann gar nichts dafür«, wird ein Jahrzehnt später sein Chef beim Profirennstall Team Telekom über Jan Ullrich sagen, der Belgier Walter Godefroot – »das war seine Mutter, die Gene, die Natur.«

Das Ende des DDR-Regmies verarbeitet Jan Ullrich auf seine Art: Er trainiert. Danach fährt er mit der S-Bahn in die wieder vereinte Stadt und legt seine 100 Mark Begrüßungsgeld in weißen Adidas-Turnschuhen an. Knöchelhoch, Kostenpunkt: 99,90 Mark. Dass ihm nur zehn bundesdeutsche Pfennige bleiben, wurmt ihn sehr bald – er tauscht die Schuhe gegen günstigere ein und erhält 30 Mark obendrauf. Jetzt ist er wieder flüssig.

Die Zeitenwende in Europa interessiert Jan Ullrich ansonsten nicht sonderlich, das Ereignis habe er »gar nicht so extrem mitbekommen, und ob ich nun zu einem Wettkampf nach Bonn fahre oder nach Dresden, ist dasselbe«. Er nennt die Ausbildung in der DDR später »das Beste, was mir passieren konnte«, und den Mauerfall kurz und knapp »einen Glücksfall«. Man kann das arglos nennen; heute bekennt sich Jan Ullrich dazu, »lange Zeit ein unpolitischer Mensch gewesen« zu sein. Das ist schon in der achten Klasse so gewesen, als auch er nach bestandener Prüfung das blaue FDJ-Hemd überzog, ohne besonderes Gefühl, gedankenlos. Nur selten haben die Kumpel Jan und André die Hemden getragen, etwa am 1. Mai, bei den inszenierten Massenfeierlichkeiten in Berlin. Dort hat jemand ihre Anwesenheit kontrolliert, »und danach haben wir uns schnell wieder aus dem Staub gemacht«.

Acht Jahre später, nach seinem Triumph bei der Tour, wird sich Jan Ullrich erstmals wahrnehmbar über Politik äußern, weil er muss, denn man will ja jede Nuance seiner unspektakulären Persönlichkeit ausleuchten. »Der Helmut Kohl ist ja auch kein schlechter Mann«, gibt er in einem Interview mit der *Bunten* zum Besten, »bloß, es ist ja nicht nur der Kohl, sondern die ganze Partei.« Über Kohls Nachfolger formuliert Ullrich einmal einen schönen Satz, der freilich mehr über ihn selbst aussagt denn über seine politische Einstellung: »Kanzler Schröder geht's wie mir: Auch er muss durch sein Tief durch. So ist das Leben.«

Vorerst jedoch geht es in kleinen Schritten aufwärts. Mit dem Fall der Mauer ändert sich zunächst nicht viel für den inzwischen 16-jährigen Teenie aus Papendorf. Er schließt die zehnte Klasse ab, wohnt nun im Internat in der Fritz-Lesch-Straße, mitten im Sport-Forum in Berlin-Ost. Und erringt verlässlich Erfolge für seinen Klub, der nun als SC Berlin firmiert: 1990 Deutscher Jugendmeister im Punktefahren, 1991 auch bei den Junioren. Bei den Rennen verdient er sich ein paar Mark, und er bekommt nun sein erstes Gehalt überwiesen. Als Industriemechaniker-Lehrling in der Werkzeugmaschinen-Fabrik *7. Oktober* in Weißensee. André Korff ist mit dabei, Peter Becker hatte seinen Junioren die Stellen besorgt. Man kann sich das kaum vorstellen, »und ich selbst schon gar nicht mehr«: Jan Ullrich an der Werkbank, und alleiniger Lehrinhalt im ersten Jahr: feilen. Vielleicht geht der 1000-Mann-Betrieb deshalb pleite, kühle Rechner aus dem Westen übernehmen den Laden, er heißt jetzt *Niles*. Die neuen Chefs testen zunächst das Personal in einer Langzeitstudie, für André und Jan heißt das weiterhin: feilen. Und die beiden jungen Radfahrer erleben nun die unangenehmen Varianten der Marktwirtschaft – sie haben ab sofort Schichtdienst zu leisten. Beginn wahlweise »mitten in der Nacht« um halb sechs oder nachmittags mit Dienstende am späten Abend. »Wir waren gefrustet«, meint

André Korff, »denn wir mussten nebenbei halt richtig arbeiten gehen«.

Irgendwie bekommen sie das trotzdem unter einen Hut, Job und Training, weil sie abends meist zeitig in die Federn fallen. Vor Erschöpfung. Doch Ende Januar 1992 haben sie von diesem Leben genug. Und da trifft es sich gut, dass Peter Becker einen interessanten Anruf erhält. Die Sache, die dahinter steckt, kommt ihnen sehr gelegen.

Die große Freiheit

Das Telefonat erreicht Peter Becker aus Hannover, am anderen Ende der Leitung spricht Bernd Dittert, später Bahnrad-Bundestrainer. Er kenne dort jemanden, der einen Bundesliga-Rennstall finanzieren wolle. Becker trifft sich mit dem hanseatischen Kaufmann Wolfgang Strohband, einem Gebrauchtwagenhändler mit feinstem norddeutschen Akzent und beim Klub RG Hamburg Vorsitzender und Sportlicher Leiter. Im Nachhinein findet Becker, Strohband habe ihm damals »ein paar Flausen in den Kopf gesetzt«. Dabei klingt die Offerte wirklich verlockend: Zusage des Sponsors *Panasonic*, genügend Geld für sechs seiner Jungs, inklusive Wohnhaus und Lehrstellen. Becker und seine Männer entscheiden: auf nach Hamburg, Umzug im Februar 1992. Mit 18 in die Großstadt.

Angekommen an der Alster, vergeht Peter Becker erst mal die Laune, »denn der liebe Herr Strohband hatte uns zu viel versprochen«: kein unterschriebener Vertrag mit Panasonic, kein Haus, keine Lehrstellen. »Das Haus ist noch nicht fertig renoviert«, erklärt ihm Strohband, doch Peter Becker ist erst mal bedient. »Das war hart«, flucht der Disziplinprediger noch Jahre später in der ihm eigenen Sprache, »wir haben uns angekotzt, denn wir saßen fest«. Für sechs Wochen kommen sie im Hotel *Monopol* unter, Reeperbahn, schräg gegenüber der Davidswache. Wolfgang Strohband erinnert sich: »Den Jungs und auch Peter Becker hat das prima gefallen!« Dennoch wird es Becker zu bunt. »Wenn die bei Panasonic trotz positiver Signale Faxen machen, dann müssen wir da hin.« Das tun sie dann, er und Strohband. Das Resultat: Zwei Jahre Vertrag à 300 000 Mark für das gesamte Projekt, die Stadt Hamburg und die Spielbank beteiligen sich mit Zuschüssen. Auch das Haus ist nun bezugsfertig, Strohbands Frau Inge und andere Helferinnen vom Radsportverein haben Gardinen genäht und die letzten Handgriffe erledigt. Jetzt wohnen die Jungs also in Hummelsbüttel im Susebekweg. »Über zwei Ampeln«, erläutert André Korff, »und dann konnten wir in Ruhe trainieren«. 500 Mark Honorar erhält jeder von ihnen, ein halbes Jahr später kommt wieder ein Lehrlingsgehalt hinzu. Arbeitsbeginn in einem Stahlwarenhandel in Hamburg-Bahrenfeld ist diesmal morgens um sechs, und in den ersten drei Monaten müssen sie – richtig: feilen. In der Berufsschule sind sie mit Abstand die Jüngsten, weshalb sich Jan Ullrich denkt: »Das hier kann ich irgendwann immer noch einmal machen.« Im Herbst nimmt er sich seinen Spezi André zur Seite:

»Du, wir machen jetzt zum dritten Mal das erste Lehrjahr, ich hab keinen Bock mehr!«

»Echt? Du, das denk ich seit zwei Wochen.« So endet abrupt eine hoffnungsvolle Feilerkarriere.

Dafür beginnt nun ein Leben, das die Bewohner des Hauses im Susebekweg sehr genießen. Sie sind zu sechst unter einem Dach, neben Ullrich und Korff die beiden späteren Profis Michael Giebelmann und Ralf Grabsch, dazu noch Erik Becker, der Sohn des Kompaniechefs, der ebenfalls ein Zimmer bezog. Peter Beckers Mannschaft soll der Radsport-Gemeinschaft Hamburg die Qualifikation für die Bundesliga bescheren. Mehr nicht. Der trainierende Feldwebel Becker teilt in der WG den Putzdienst ein, »nun macht mal, zackzack«, und manchmal hält sich sogar Jan Ullrich an die Vorgaben. Inge Strohband wäscht anfangs die Wäsche, weil eine Waschmaschine fehlt. Marianne Kaatz kommt öfter zu Besuch, sie erträgt den Anblick der Räumlichkeiten recht tapfer. »Sein Zimmer sah halt aus wie immer«, erzählt sie gefasst, »das ist wohl in Berlin entstanden, das chaotische Leben aus Koffern und Taschen«. Peter Becker wiederum verschwendet kein Wort über die Stützen seines Männerhaushaltes, »der brauchte nicht groß zu organisieren, der sollte sich nur ins Auto setzen und darauf achten, dass sein Fahrrad sauber war«.

Trainiert wird meist morgens um neun, und an manchen Tagen kann es vorkommen, dass der Mitbewohner Ullrich sein Sommersprossengesicht noch ins Kissen drückt. Die Kollegen warten anfangs gerne ein Weilchen, fünf Minuten oder auch mal zehn, bis Ullrich dann doch auftaucht. Ihre Geduld freilich hat Grenzen, ein paar Wochen später nehmen sie um Punkt neun Fahrt auf. Ullrich stößt später zu ihnen, als der Tacho bereits 20 Kilometer gezählt hat. Irgendwann hat er sich dann gemerkt, dass er morgens besser pünktlich erscheint.

Trotz der vom Kollektiv erzwungenen Schlafreduzierung und der öden Monostruktur des Ernährungsplans – entweder Pizza vom Pizzadienst oder Pizza aus dem Tiefkühlfach –, in Hamburg reift Jan Ullrich allmählich zu einem erwachsenen Siegfahrer. Nachdem der RG-Equipe als jüngstem Team der Aufstieg in die Bundesliga geglückt ist, gewinnt er 1993 sein erstes Rennen in dieser Wettbewerbsserie. Außerdem den Gesamtweltcup der Amateure, die Rundfahrten durch Böhmen und Australien sowie als vorläufiger Höhepunkt der jungen Karriere Ende August in Oslo die Straßen-WM. Mit 19, der jüngste Amateur-Weltmeister aller Zeiten. Reif wie ein Routinier hatte er das Rennen kontrolliert und sich einer fünfköpfigen Fluchtgruppe angeschlossen, für den Sprint um Gold wählte er den richtigen Moment. Und der gerührte Beobachter Peter Becker dachte sich: Punktefahren, eine gute Schule. Zu Hause am Fernseher hätte seine Mutter fast Jans neugeborenen Halbbruder Felix fallen gelassen, so überwältigt vor Freude ist sie durch ihre Plattenbauwohnung gesprungen. In Hamburg räumt André Korff flugs die Bude auf. Journalisten haben sich angesagt, »und die sollen ja nicht gleich in Ohnmacht fallen«.

Ein paar hundert Kilometer nördlich, im Hotel der deutschen Mannschaft in Oslo, schmücken sie abends den Speisesaal mit einer Wimpelkette. Als der neue Weltmeister den Raum betritt, ist ihm der Auflauf peinlich. Über das Regenbogentrikot des Champions und seine Medaille hat er eine Trainingsjacke gezogen, allerdings öffnet ihm der gestandene Zeitfahrer Michael Rich rasch den Reißverschluss. Alle möchten das Trikot sehen, und der junge Weltmeister bereichert die Fotos mit einem hochroten Kopf. Er ist wohl immer noch sehr schüchtern. Als Bub, das kann seine Mutter bestätigen, ist ihr Jan so scheu gewesen, dass er sich einmal das Essensgeld für den Kindergarten nicht in die Hand der Erzieherin zu drücken traute. Er steckte die Scheine lieber heimlich vor ihrer Haustür in den Schnee. Doch nach Oslo verändert sich sein bisher unbeachtetes Leben zwangsläufig. In der Szene kennt man jetzt sein Gesicht, Jan Ullrich hat plötzlich einen Namen, und in Deutschland wählen ihn die Experten zum »Radsportler des Jahres«. Nicht zum letzten Mal.

Glück am Kachelofen

Der überraschende WM-Sieg in Norwegen macht Jan Ullrich erstmals für Profiteams interessant, doch er folgt dem Rat seiner Begleiter Becker und Strohband. Letzterer hat in seinem Autohaus an der Hamburger Straße zwar Anrufe von vagen Bietern aus aller Welt entgegengenommen, »aber die meisten haben mir geraten: ›Lasst ihn noch ein Jahr fahren, mit 19 Profi, das muss jetzt noch nicht sein‹.« Ullrich wiederum schwankt zunächst zwischen Ungeduld (»Ich bin ja noch nicht sicher, dass ich Amateur bleibe«) und vernünftigen Gedanken. Auch ihm ist bewusst, dass er sich umstellen müsste auf eine raue Szene, »aber ich habe keinen Mann, der mir sagt, wie das da läuft«. Letztendlich rät ihm Strohband: »Noch ein Jahr aufbauen, auch menschlich gesehen.« Trainer Becker drückt sich wie immer unkomplizierter aus, er diktiert ihm: »Du ziehst bei uns schön dein Weltmeisterhemd an – da wirste gejagt, da lernste am meisten!« Denn im Radsport ist es nicht einfach, wenn das Peloton nur auf einen achtet. »Wenn du den Arsch hebst«, erläutert André Korff seinem Mitbewohner, »dann ist die Meute gleich an deinem Hinterrad.« Jan Ullrich bleibt also vorerst in Hamburg, noch einen Winter.

Die Mannschaft heißt jetzt Team Müsing, die Radfirma aus Cloppenburg sponsert die Truppe um den blutjungen Weltmeister mit 170 000 Mark. Der Vertrag mit Panasonic ist ausgelaufen, doch Peter Becker ist in einem Fahrradhaus in Bergedorf zufällig mit Leuten ins Gespräch gekommen und klagt ihnen gestenreich sein Leid. Sie vermitteln die entscheidenden Kontakte zum Fortbestand der Mannschaft. »Doch nach zwei Jahren war endgültig Schluss«, erinnert sich Becker, »im Nachhinein muss man sagen: Mann, waren die kurzsichtig.«

Für seinen besten Mann wird 1994 ein besonderes Jahr, denn er lernt die Liebe seines Lebens kennen. Wegbereiter ist Dirk Baldinger, ein Kollege aus dem Nationalteam, der in Oslo mit Ullrich Mitglied der deutschen Mannschaft war. Sie haben sich dann auch privat öfter gesehen, er und »der Baldes«, wie Ullrich ihn nennt. Ullrich ist in diesem Jahr mehr denn je unterwegs, die Hamburger WG sieht er nur noch selten. Er fährt Bundesliga und viele Rennen in Italien, dazu die Einsätze für die Nationalmannschaft. Wenn es passt, steigt Ullrich auf den Rückreisen bei den Baldingers in Merdingen ab, im verträumten 2500-Seelen-Ort zwischen den Weinbergen des Bühl und dem Kaiserstuhl am Rand der Rhein-Auen. Ein ideales Trainingsgebiet für Radprofis, und so werden »aus einigen Tagen Wochen und aus Wochen Monate«, sinniert Dirk Baldinger. Und dann entscheidet sein Dauergast endgültig: »Ich bleibe hier.« Der Aufenthalt des mecklenburgischen Vagabunden im sonnigen Breisgau sollte neun Jahre dauern.

Auch Dirk Baldinger gilt als hoffnungsvoller Fahrer, er hat sich 1994 den nationalen Straßentitel bei den Amateuren gesichert, und so erfüllt sich im Spätherbst für ihn sein Kindheitstraum: Er erhält einen Profivertrag. Das italienische Team Polti hat ihm das Angebot unterbreitet, und zum Saisonende richtet ihm sein Heimatverein in der örtlichen Turn- und Festhalle ein Abschiedsfest aus. Ein geselliges Beisammensein im November mit Sektempfang, kaltem

Büffet, Freunden und guten Bekannten. Auch seine frühere Mitschülerin Gaby Weis ist eingeladen, eine Winzertochter, deren Eltern einen kleinen Hof an der Hauptstraße des Orts besitzen. Jan Ullrich ist ebenfalls anwesend, sie haben sich schon ein paar Mal gesehen. An diesem Abend schaut er offenbar ganz genau hin, jedenfalls verabredet er sich mit Gaby für den nächsten Tag, »und in der Woche sind wir dann zusammengekommen«. Sie feiern das jetzt jedes Jahr, am 19. November.

Gaby Weis, zwei Jahre älter als ihr neuer Freund, ist eine bodenständige Erscheinung. Sie kleidet sich unauffällig und trägt ihr braunes Haar ohne Extravaganzen auf Schulterlänge. Es ist wohl ihre unprätentiöse Art, die Jan Ullrichs Herz für sie entflammt hat. Er beschreibt sie als »sehr lieb, ruhig und immer so bescheiden«. Fast wie er, könnte man meinen, denn über ihren Sohn sagt seine Mutter: »Jan war immer sehr verschlossen, aber immer ein ganz Lieber; manchmal ein bisschen verklemmt, ganz anders, als ich es bin. Aber er kann total lustig sein und feiern, wenn er gut drauf ist.«

Jan Ullrich und die Frauen – viel ist nicht bekannt über diese unspektakuläre Beziehung. »Gaby ist meine erste feste Freundin«, gesteht er, »da bin ich echt ein Spätzünder«. Doch wie hätte das vorher auch funktionieren sollen bei einem Knaben, der die Schulzeit in einer Jungenklasse verbringt und ansonsten wohl doch nicht viel mehr als seinen Karbonrahmen im Sinn hat? »Für Freundinnen hatten wir keine Zeit«, behauptet jedenfalls sein Jugendfreund André Korff, während Jan, wenn auch sehr wortkarg, von einer ersten Liebschaft vor Gaby spricht: »Ich war damals 18, sie auch.« Die ersten Küsse wiederum schenkte er einem Mädchen aus Papendorf, doch nicht einmal seine Mutter hat etwas von der Sandkastenliebe zu einem Geschöpf namens Kati mitbekommen. Seine Traumfrau indes heißt Gaby, obwohl er aus dem Fernsehen interessante Gegenentwürfe kennt, wie er später einmal den Spezialisten für Herzensangelegenheiten von der *Bunten* in einem aufschlussreichen Interview mitteilt:

»Traumfrauen? Körperlich, ganz klar, da gibt es einige – ich meine, ich bin ja auch nur ein Mann. Julia Roberts und Michelle Pfeiffer sind ganz okay.«

»Und Claudia Schiffer?«

»Auch nicht schlecht.«

»Drei Wochen Tour der Leiden, denkt man da überhaupt an Lust?«

»Du kannst sowieso nichts machen. Und der Stress vertreibt dir jeden Gedanken daran.«

Gaby aus Merdingen gefällt Jan Ullrich jedenfalls wirklich gut. Weihnachten 1994 verbringt er zu Hause in Rostock, aber er werde nicht alleine kommen, kündigt er seiner verblüfften Mutter an: »Du, ich bring da jemanden mit. Gaby, meine Freundin – ich glaub, sie ist es.« In Merdingen sucht er sich zunächst eine eigene Wohnung, eineinhalb Zimmer am Burgunderweg, doch die meiste Zeit verbringt er im Haus von Gabys Eltern. Ein schlichtes, weinberanktes Anwesen, seit mehr als 300 Jahren im Familienbesitz. In der gemütlichen Stube sitzen Jan und seine Gaby gerne bei einem Glas südbadischem Rotwein vor dem mannsgroßen Kachelofen und träumen von einer gemeinsamen Zukunft. Sie ziehen dann bald zusammen, eine enge Wohnung, 50 Quadratmeter, 650 Mark Warmmiete. Ein kleines Glück entsteht dort, und der Vagabund Jan Ullrich fühlt nach vielen Jahren wieder so etwas wie Heimat. Die Eltern seiner Partnerin bieten ihm so etwas wie Geborgenheit, er schätzt Gabys Kartoffelsuppe und die Backkünste ihrer Mutter Rosemarie: »Sie sind für mich eine Ersatzfamilie geworden, ein solches Gefühl kannte ich nicht mehr.« Dass sie einmal von diesem idyllischen Ort im Schwarzwald flüchten würden, ahnt er noch nicht.

Gaby ist im Freiburger Ausgabelager der Bundeswehr angestellt (1994 leistet Ullrichs übrigens ebenfalls seinen Dienst am Vaterland, wiewohl er die schlichten Räumlichkeiten der Wehrdienstleistenden in Todtnau so gut wie gar nicht sieht). Ihr Freund hat derweil mit gewohntem Eifer am nächsten Karriereschritt gearbeitet, er möchte ja endlich Profi werden. Nachdem Ullrich überlegen die Bundesliga-Wertung gewonnen hat, gelang ihm bei der Weltmeisterschaft in Sizilien der entscheidende Schritt in die Erwachsenenwelt des Radsports. Der unerwartete Gewinn der Bronzemedaille im Einzelzeitfahren in Sizilien weckt nun endgültig Begehrlichkeiten bei den Profiteams. Mit seiner furiosen Jagd durch die Altstadt von Catania hatte er hochdekorierter Prominenz aus der Berufsfahrerbranche die Schau gestohlen. Peter Becker und Wolfgang Strohband, die beiden väterlichen Begleiter seines Vertrauens, treffen sich mit Walter Godefroot, dem Chef des Bonner Team Telekom. Zwar bietet Dirk Baldingers neuer Arbeitgeber, eine Mannschaft aus Italien, ebenfalls mit, »doch das war ein windiges Ding«, ereifert sich Becker, »da wären wir fast Gangstern in die Hände gefallen!« Doch der dem breiten Publikum noch nicht sonderlich bekannte Rennstall der einstigen Fernsprechbehörde hat sich längst eine Option auf das Juwel gesichert. 175 000 Mark handelt Strohband als erstes Gehalt aus (und übernimmt fortan als schriftlich beauftragter Manager die Geschäfte des Neuprofis.) Mit 21 Jahren startet Ullrich also in einen neuen Lebensabschnitt, ab Januar '95 darf er sich Berufsradfahrer nennen. Binnen weniger Wochen hat er somit sein privates Glück gefunden und sich seinen größten Herzenswunsch als Sportler erfüllen können. Er ist euphorisch.

Ullrichs Einstieg ins Profileben gestaltet sich zäh. Seinen ersten Start hat er bei der Katalanischen Woche in Spanien, auf Position 80 beendet er das Etappenrennen. Ein erstes Indiz für den bescheidenen Saisonverlauf. Mit dem Übergang ins Profimetier haben indes schon ganz andere Fahrer ihre Probleme gehabt. Jan Ullrich erklärt die Delle aus seiner Sicht, er sei »eigentlich ganz gut in Form gewesen, aber dann war ich oft krank – ich muss mich erst hocharbeiten, nach der Amateur-WM fragt jetzt niemand mehr«. Bei der Vuelta durch Spanien, seiner ersten dreiwöchigen Rundfahrt, muss Ullrich aufgeben. »1995 hing er durch wie eine Bohne«, lästert sein Trainer Becker schonungslos und liefert seine Einschätzung gleich hinterher: »Weil er rummurkst! Die Probleme hat er sich selber bereitet, an der ganzen Scheiße war er immer selber schuld!« Eine Theorie, die Jan Ullrichs Karriere noch lange begleiten sollte.

Ganz offenbar fehlt dem 21-jährigen Neuprofi in seinem Premierenjahr die klare Anleitung durch seinen langjährigen Antreiber, mit dem ihn so lange eine intensive, durch Blut, Schweiß und ein paar Tränen zusammengehaltene Gemeinschaft verbunden hat. Im Frühjahr 1995 besucht Ullrich deshalb seine alten Hamburger Kameraden, er und Becker setzen sich zusammen. Sein Privatcoach arbeitet ihm Trainingspläne aus, telefoniert nun noch häufiger mit ihm, reist für Sondereinheiten in den Schwarzwald. Bis es zu einem echten Bruch der Partnerschaft kommt.

Peter Becker hatte mit seinem Athleten dessen erste sportliche Krise gemeistert, daran besteht im Sommer 1995 kein Zweifel mehr, als Jan Ullrich in Forst die Deutsche Meisterschaft im Einzelzeitfahren gewinnt. Das Meistertrikot steht ihm gut, denkt sich der gerührte Augenzeuge Becker, doch als sein Athlet den Reportern seinen Formanstieg erläutert, vermisst der eitle Förderer einen Hinweis auf seine Verdienste an der goldenen Plakette. »Ich, ich, ich«, brummt Peter Becker, er ist jetzt wirklich sauer. Was für ein undankbarer Bengel, das ist sein Gedanke, »ich reiß mir den Arsch auf, mach die Pläne, und dann das!« Er schüttelt dem Deutschen Meister noch rasch die Hand, »gratuliere, Ulli, aber wir fahren jetzt zurück nach Berlin, bye, bye«. Ein halbes Jahr lang haben sie danach keinen Kontakt. Die Versöhnung führt Manager Strohband herbei, der mitbekommen hat, dass seine wertvolle Anlage bisweilen andere Dinge im Kopf hat. »Er musste eben mit 200 Kilometern pro Stunde über die Autobahn fahren, er wollte seine Jugend genießen«, erläutert Strohband, der zweimal Ärger mit der Polizei nach Radarkontrollen zu schlichten hat. Strohband ruft also den bewährten Frontalpädagogen Becker an und erkundigt sich vorsichtig nach dessen Wohlbefinden. Und fragt ihn, ob er Jan nicht doch wieder helfen wolle. Der könne das gut gebrauchen. Macht Becker, unter einer Bedingung allerdings, »dass du nicht weghörst und ich nicht gegen den Wind rede«. Ullrich willigt ein, und seinem Durchbruch scheint nun nichts mehr im Wege zu stehen. Er ist voller Tatendrang. Und einsichtig. »Ich war am Boden, die Erfahrung hatte ich noch nicht gemacht«, gibt er zu, »bei den Amateuren habe ich auch noch gewonnen, wenn ich nicht so fit war – wenn du als Profi einmal die Form hast und schlampst nur eine Woche, dann sind fünfzig Prozent weg«. Heute drückt er sich anders aus. Er habe versuchen wollen, seinen eigenen Weg zu gehen, »ich wollte auf eigenen Beinen stehen«. Doch das lernt er erst viel später.

Kronprinz in Windeln

Die Saison 1996 beginnt für das Team Telekom und Jan Ullrich im Dezember 1995 mit dem traditionellen Mannschaftstreffen. Die Journalisten sind eingeladen ins Sauerland, in entspannter Atmosphäre bietet sich beim Mittagessen oder später bei einer Hobbyrunde auf dem Mountainbike die Möglichkeit zum Gespräch. Die Nachfragen bei Jan Ullrich halten sich in Grenzen. Das Interesse zieht ein groß gewachsener Däne mit hoher Stirn auf sich, der im Jahr davor als Dritter der Tour de France von sich reden machte: Bjarne Riis.

Team Telekom hat ihn als neuen Kapitän eingekauft, von der italienischen Konkurrenz Gewiss-Ballan. Viel sagt er zur Begrüßung nicht, ganz wie Ullrich. Doch an seinen Ambitionen lässt der 32-jährige Neuling keinen Zweifel: »Ich werde die Tour gewinnen.« Dabei gilt der Toursieg eigentlich als vergeben, an den großen Mann des Radsports dieser Zeit, den Spanier Miguel Induraín. Fünfmal hintereinander hat er die Tour gewonnen, das schaffte niemand vor ihm, und 1996 wird er nach Ansicht der Fachwelt als erster Fahrer überhaupt zum sechsten Mal als Erster Paris erreichen. Doch Riis wiederholt auf Nachfrage: »ICH werde die Tour gewinnen.« Man staunte.

Nach dem Teamtreffen reist Jan Ullrich mit der Mannschaft ins Trainingslager nach Fuerteventura. Peter Becker ist mit dabei, was die Kollegen reichlich seltsam finden. »Doch er hat wirklich professionell gearbeitet«, sagt Udo Bölts, ein Asket aus dem Pfälzer Wald, der in seiner Karriere zwölfmal die Tour fährt. 1994 hat er für Telekom Platz neun belegt, doch der junge Ullrich, das spürt Udo Bölts diesen Winter, »das ist ein ganz Besonderer, der hat einen Motor«. Der Lehrling ist ihm gleich sympathisch, sein bescheidenes Auftreten fiel ihm schon am Flughafen auf, »der ist mit kleinem Gepäck, im Trainingsanzug gekommen und hat sich nicht um ein Jackett geschert«, sagt Bölts. »Und sein Rad war auch nicht geputzt.«

Jan Ullrich fügt sich diesmal bewusst in die Mannschaft ein. Seinen Zimmerpartner Jens Heppner, wie Bölts ein erfahrener Mann, fragt er schon mal um Rat, und Heppner merkt: »Oha, der will.« Während Riis als schweigender Solist seine Intervalle tritt, schließt sich Ullrich wie selbstverständlich der Gruppe an und verzichtet dafür bisweilen auf sein Individualprogramm. Das bringt ihm Pluspunkte ein. Seine Verfassung ist ohnehin prächtig, und einem gestandenen Rennfahrer wie Udo Bölts beschert sie fast Komplexe: »Wenn er sein Krafttraining gemacht hat, dann ist er mit Dreiundfünfzigdreizehn den Berg hochgeknallt, das konnte ich gar nicht treten!« 53/13 (die Kette liegt vorn auf dem großen Kettenblatt mit 53 Zacken und hinten auf dem kleinsten Ritzel mit 13 Zacken), das ist so ziemlich die größte Übersetzung, die Radprofis auflegen. Den Rest hat ihm Jan Ullrich abends in der Sauna gegeben: »Da konnte er eine Stunde drin sitzen, und das auch noch ganz oben!«

Das Frühjahr verläuft für Jan Ullrich erfreulich. Die kontinuierliche Arbeit mit Peter Becker scheint sich auszuzahlen, dreimal steigt der Privatcoach in diesem Jahr für jeweils drei Wochen in Merdingen ab, im Gasthof *Keller*. Spezialseminare mit der Zielvorgabe »absolute Fitness«. Bei den deutschen Meisterschaften Ende Juni in Metzingen verzichtet Ullrich nur aus Respekt vor den Hierarchien im Team Telekom auf seinen ersten Profisieg. Die T-Equipe könnte es sich angesichts ihrer Dominanz fast leisten, den Titel schon intern auf der morgendlichen Rennsitzung zu vergeben. Die Wahl ist offenbar auf Christian Henn gefallen, der sich im Finale mit drei Mannschaftskollegen sowie einem Außenseiter absetzt. Jan Ullrich erhöht an der Steigung das Tempo, die schwitzenden Kameraden müssen ihn um Zurückhaltung bitten. »Wenn er wirklich gewollt hätte, hätte er uns mit dem Finger in der Nase auseinandergenommen«, gesteht Udo Bölts, »aber er hat sich untergeordnet.« Ullrich belegt Platz zwei.

Dass in dem 1,83 Meter großen Körper ganz besondere Kräfte wirken, hatte sich kurz zuvor angedeutet, bei der Tour de Suisse, dem zehntägigen Etappenrennen durch die Schweizer Bergwelt. Jan Ullrich hatte dort keine Probleme, sich in den vorderen Gruppen zu halten, auf dem längsten Abschnitt am achten Tag belegte er sogar den zweiten Platz hinter dem Überraschungssieger Udo Bölts. Seine Form verbesserte sich von Tag zu Tag, das ist ungewöhnlich. Im Endklassement nimmt er Position 19 ein, und spätestens jetzt begannen bei Telekom die Diskussionen. Sollten sie nicht doch ihren Youngster mitnehmen zum Jahreshöhepunkt in Frankreich?

Eigentlich ist die Mannschaft längst eingeteilt – und Jan Ullrich nicht für die Tour vorgesehen. Doch der zweite Sportliche Leiter Rudy Pevenage interveniert bei Teamchef Godefroot: »Ich hab ziemlich viel Druck gemacht, die Selektion einmal zu ändern.« Godefroot lächelt schweigend, wenn er diese Version hört, doch die Umstände sind letztlich unerheblich: Ullrich erhält nach seiner überzeugenden Vorstellung bei der nationalen Meisterschaft den Startplatz von Peter Meinert zugesprochen. Eine heikle Personalie – Meinert ist Däne wie Riis und Wunschkandidat des Kapitäns, eine moralische Stütze. Doch Riis beugt sich dem Mehrheitsvotum, und Walter Godefroot erklärt nach dem Regenrennen von Metzingen: »Ich muss jetzt Peter Meinert anrufen, dass er nun doch nicht die Tour fahren wird.« Sechs Tage vor dem Start des Spektakels!

Seine nachträgliche Nominierung für die Tour de France nimmt Jan Ullrich überrascht zur Kenntnis: »Ich war total aufgeregt.« Mehr noch seine impulsive Mutter. »Seh ich dich denn auch mal im Fernsehen?«, fragt sie ihn besorgt durch den Telefonhörer, und Jan entgegnet, trocken wie eh und je: »Ja, bestimmt, irgendwo werden sie auch mal eine Kamera nach hinten halten.« Von wegen.

Beim Start der 83. Tour de France in 's-Hertogenbosch erlebte die Welt erstmals einen rothaarigen Deutschen mit kurzen, kräftigen Naturlocken, an dessen linkem Ohr für alle sichtbar ein kleiner Silberring baumelte. Er hat nur 15 Mark gekostet, aber er ist von Gaby. Ein Geschenk als Glücksbringer, sie trägt das Gegenstück. Beim Prolog, einem Stadtkurs durch die engen Straßen der holländischen Ortschaft in Brabant, schüttet es fürchterlich; am meisten riskiert vor 250 000 Zuschauern der Schweizer Alex Zülle, Schnellster nach gut neun Kilometern auf glitschigem Asphalt. Jan Ullrich ist als bester Deutscher nur eine halbe Minute langsamer und nicht allzu weit entfernt von Riis und Induraín. Und schon tags darauf, im Ziel der ersten Etappe, ist jenes Bild zu erleben, das diese Tour prägen wird: Während sich vorne die Sprinter um den Etappensieg balgen, trudelt Ullrich unbemerkt wenige Zentimeter hinter Bjarne Riis der Ziellinie entgegen. Stiller Geleitschutz für den Kapitän. Noch bleibt das gelungene Tourdebüt daheim unbemerkt, die Nation befindet sich einstweilen im Rauschzustand nach

Oliver Bierhoffs *Golden Goal* für die Nationalmannschaft im Londoner EM-Finale gegen Tschechien.

Die Tour-Karawane schlängelt sich derweil durch Belgien über die Grenze hinweg nach Frankreich, und Jan Ullrich hält sich immer problemlos in der Gruppe der Favoriten und im Tableau unter den besten Zwanzig. Er muss jetzt erste Interviews geben. Wie er sich denn nach einer Woche fühle, fragt ihn die *Süddeutsche Zeitung*, als Neuling beim härtesten Rennen der Welt?

»Das Publikum ist Wahnsinn«, antwortet er, »so was gibt's sonst nirgends.«

Keinen Respekt vor den Bergen?

»Ich kenn sie nicht, aber Respekt hat man schon.«

Und Miguel Induraín, ist das aufregend an seiner Seite?

»Das hat sich schnell gelegt. Den betrachtet man bald wie einen ganz normalen Rennfahrer.«

Keine Frage, Ullrich ist ein begeisterungsfähiger Mecklenburger. Auf ihn warten nun die ersten Gipfel der französischen Alpen. Sie erleben die Geburt eines neuen Tourstars, der die Geschichte der Großen Schleife in den nächsten Jahren entscheidend prägen wird.

Riis' Position als Leader ist unangetastet. Der Däne glüht geradezu vor Selbstbewusstsein, er forciert das Ende einer Ära. Miguel Induraín, der stille Stilist aus Spanien, zeigt an den beiden ersten Tagen in den französischen Alpen überraschende Schwächen. Fast vier Minuten verliert der fünfmalige Toursieger auf dem steilen Weg nach Les Arcs, bei Regen, Nebel und Kälte lassen ihn auf den letzten Kilometern seine namhaften Herausforderer Berzin, Riis, Olano und Rominger zurück. Und auch einen im Rhythmus der Pedaltritte schaukelnden Ohrring, funkelnd im grellen Scheinwerferlicht der Begleitfahrzeuge, verliert Induraín bald aus den Augen. Am nächsten Tag, beim Bergzeitfahren in Richtung

Val d'Isère, überholt der 22-jährige Debütant die eine Minute vor ihm gestartete Hoffnung der Gastgeber im Trikot des besten Bergfahrers, Richard Virenque. Die Franzosen trauen ihren Augen nicht. Jan Ullrich rückt vor auf Platz fünf. Mit seinem kraftvollen wie ästhetischen Fahrstil: immer im Sattel, ein Tritt so rund wie ein Zirkelschwung und der Oberkörper dabei so ruhig, dass er auf seinen Schultern einen Teller von Gabys Kartoffelsuppe unfallfrei chauffieren könnte. Ein Stil, den man bisher nur von Induraín kannte, Ullrichs Vorbild.

In Deutschland steigt das Interesse an den Ereignissen in Frankreich, denn Team Telekom entwickelt sich mehr und mehr zur Attraktion der Veranstaltung. Auf der wegen dichten Schneetreibens auf 46 Kilometer verkürzten Königsetappe nach Sestrière legt Bjarne Riis ein beeindruckendes Solo hin und übernimmt das Gelbe Trikot vom Russen Evgeni Berzin – erstmals trägt ein Fahrer der Bonner Betriebssportgruppe das berühmteste Trikot des Sports. Anderntags gewinnt der Berliner Sprinter Erik Zabel seine zweite Etappe, zudem ist er im Grünen Trikot des Punktbesten unterwegs. »Telekom besetzt alle Leitungen«, dichtet beeindruckt die Sportzeitung *L'Équipe*, denn das Team beherrscht auch die Mannschaftswertung, da sich der Kämpfer Udo Bölts nahe den Top Ten hält und Jan Ullrich »einfach nicht schlapp macht«, wie sein Zimmerkollege Jens Heppner bewundernd feststellt.

Der Konkurrenz ist das nicht entgangen. Sie wirbt heimlich um den jungen Mann, der die Nachwuchswertung anführt und bislang für kleines Geld fährt. Banesto, der spanische Rennstall von Induraín, zeigt sich schwer interessiert, sie könnten wohl einen Kronprinzen für ihren strauchelnden König von Navarra gebrauchen. Das Budget bei der Equipe mit dem T auf der Brust ist längst noch nicht gesichert fürs nächste Jahr, und Jan Ullrich äußert sich zu dem Thema mit einem für seine Verhältnisse offensiven Satz: »Lange darf man nicht mehr warten, die Verträge werden bei der Tour gemacht.« Besser hätte es sein Manager nicht sagen können. Der kleine Nadelstich zeigt Wirkung. Noch vor dem Ende der Tour erhält der angehende Nationalheld einen neuen Vertrag: 600 000 Mark Grundgehalt, Prämien exklusive.

Bei seinen Landsleuten hat Jan Ullrich längst die aufregenden Tage vom Juli 1977 in Erinnerung gerufen, als ein ebenfalls 22-jähriger Deutscher 15 Tage in Gelb durch Frankreich radelte: Dietrich (»Didi«) Thurau. Der freche Hesse indes verkraftete seinen Karriereschub damals leider nicht besonders gut. Zwar hat er sich zwei Jahre nach seinem sensationellen Entrée noch einmal als Tagessieger in Frankreich feiern lassen dürfen, doch die übrigen Episoden mit Dopingvergehen und zweifelhafter Kapitalverwaltung machten aus ihm eher einen bedauernswerten Helden.

Befürchtungen hinsichtlich möglicher Parallelen erzeugt Jan Ullrich im Juli 1996 indes nicht. Seinem wundersamen Aufstieg begegnet er bescheiden und zurückhaltend wie immer. »Die Tour ist noch lang«, diese Plattitüde bekommen seine Gesprächspartner stets zu hören, wenn sie ihn zu seinen Ambitionen befragen. Seine Aufgabe sei weiterhin, »Bjarne zu unterstützen«. Nicht alle möchten das glauben.

Bjarne Riis, daran besteht kein Zweifel mehr, ist auf dem Weg, Induraíns Thron zu besteigen. »Ich bin hier, um die Tour zu gewinnen«, das wiederholt der Däne täglich, wie im Dezember zuvor im Sauerland. Noch wehrt sich Induraín gegen die Machtübernahme, die *L'Équipe* nach seinem Einbruch in den Alpen auf dem Titelblatt (»Das Ende eines Kapitels«) längst verkündet hat, wenn auch nur verbal. Riis? »Zu unbeständig«, entgegnet der Spanier kühl, sein wirklicher Widersacher sei Tony Rominger, der Schweizer. Zu Ullrich kein Wort. Dafür von Rominger. Über den jungen Deutschen sagt der 35-jährige Stundenweltrekordler: »Ich habe ihn in diesem Jahr schon bei mehreren Rennen beobachtet – Ullrich kann einmal die Tour gewinnen, er hat das Zeug dazu.« Könnte sein.

Zunächst einmal geht es Jan Ullrich ziemlich mies. Auf dem elften Abschnitt nach Valence ist er an der Verpflegungsstelle bei Tempo 50 auf den Asphalt geknallt. Ein unangenehmer Job für Masseur Dieter Ruthenberg, früher Verkehrspolizist in Ostberlin, Betreuer der DDR-Auswahl und bei allen nur als »Eule« bekannt. Noch unangenehmer freilich für den Patienten: Mit einer Handbürste schrubbt Ruthenberg die zerfetzte Haut, um Ullrichs Oberschenkel von eingefrästen Steinchen zu entsorgen. Ullrich jammert still. Die Nacht schläft er kaum.

Trotz der Prellungen bleibt Ullrich Riis als treu ergebener Diener erhalten. Er hat beide Ellenbogen bandagiert, weshalb ihn Frankreichs Presse mit dem Kosenamen »Windel« versieht. Dennoch überquert er das Zentralmassiv ebenso souverän wie die Passstraßen der Pyrenäen. Im Grenzgebiet von Frankreich und Spanien verliert Induraín endgültig seine Aura als unbezwingbarer Patron. In Hautacam, hoch über dem heiligen Wasser von Lourdes, triumphiert Riis, und am nächsten Nachmittag kommt Induraín – an seinem 32. Geburtstag – acht Minuten hinter dem Telekom-Leader und dessen Adjutanten in Pamplona an. Ein schlimmer Tag für den Basken, denn das Ziel hatten sie ihm zu Ehren vor seinem Elternhaus an der Nationalstraße 121 aufgebaut. Riis führt nun mit knapp vier Minuten auf seinen ersten Verfolger – Jan Ullrich.

Ob Jan Ullrich bei seiner ersten Teilnahme die Tour de France hätte gewinnen können? »Nein«, wird Bjarne Riis viele Jahre später erwidern, inzwischen Sportlicher Leiter des dänischen CSC-Teams. »Ich war klar der Stärkere. Aber ich wusste, dass er gut war.« Die damaligen Teamkameraden indes sehen das ein bisschen anders. Sie sitzen am letzten Samstag der dreiwöchigen Tortur im Hotelzimmer und sehen sich die Spitzenleute beim Zeitfahren durch die Weinberge zwischen Bordeaux und Saint-Émilion an. 63,5 Kilometer, »und auf der langen Schlussgeraden steht voll der Wind drauf«, kommentiert Udo Bölts, »und wenn sie das Ziel nur drei Kilometer nach hinten verlegt hätten, dann gewinnt Jan die Tour«. Jens Heppner denkt sich: »Wenn Jan in den Bergen nicht auf Riis gewartet hätte, gewinnt Jan die Tour.« Wenn. Ja, vielleicht.

Jan Ullrich gewinnt nicht nur das Zeitfahren in Saint Émilion, er dominiert es, mit einem Stundenmittel von 50,44 Kilometern. Induraín, seit fünf Jahren ohne Niederlage im Duell mit der Uhr, nimmt er fast eine Minute ab. »Unglaublich, ein Phänomen«, findet Induraín. Riis verliert sogar mehr als zwei Minuten. Im Ziel steht zwar endgültig fest, dass der »Adler von Herning« nicht mehr vom ersten Podiumsplatz zu verdrängen ist vor dem sonntäglichen Defilee über die Champs-Élysées in Paris. Doch wie ein strahlender Champion sieht er jetzt nicht aus. Riis nuschelt etwas von Konzentrationsmängeln, »keine Krise, nicht schlimm«. 1:41 Minuten Vorsprung sind ihm nach 3907 Kilometern geblieben. Hätte Ullrich nicht doch die Tour gewinnen können? »Der Bjarne war der Stärkere«, versichert der loyale Kandidat, »vor allem in den Bergen.« Was soll er auch sagen. Jan Ullrich akzeptiert, dass die Hierarchien in seinem Metier genauso unerbittlich gelten wie etwa das Grundgesetz vor einem deutschen Gericht: »Wenn der Bjarne sagt: ›Hol mir was zu essen‹, macht man das, auch wenn es gerade beim Anstieg passiert und weh tut.«

Die Redakteure von *L'Équipe* sind von so viel Linientreue

gerührt, sie küren Ullrich zum »vielleicht selbstlosesten Mannschaftskollegen in der Geschichte der Tour«. Also, hätte Ullrich, oder hätte er nicht? Sein Betreuer Rudy Pevenage spricht offen über die Vergangenheit: »Wenn Jan sein eigenes Rennen gefahren wäre«, sagt der Belgier, »dann wohl schon – ja.« Und Teamchef Walter Godefroot: »Vielleicht, wenn Riis nicht da gewesen wäre.« Wenn. Hätte. Wer weiß.

Nach dem Diner auf einem Seinedampfer und einer ausgiebigen Rehabilitationsmaßnahme in einer Pariser Diskothek kehrt Jan Ullrich als Held zurück, als Deutschlands Sommerentdeckung. Und als jemand, der Radsportgeschichte geschrieben hat. Nach Kurt Stöpel ist er der zweite Deutsche auf dem Podium der Tour de France. Stöpel belegte ebenfalls Rang zwei. 1932.

Nach einem Empfang im Bonner Rathaus begrüßt Merdingen Jan Ullrich abends mit einem Volksfest. Im Schritttempo chauffieren sie ihn in einem roten Cabrio durch die belebten Gassen, vor der Motorhaube marschiert die örtliche Blaskapelle. Der Bürgermeister überreicht ihm feierlich »das Kostbarste, was die Region zu bieten hat«: eine Dreiliterflasche vom feinsten Merdinger Bühl Spätburgunder – Rotwein. Auch der Heimatklub RV Merdingen lässt sich nicht lumpen, der Klub verleiht ihm die Ehrenmitgliedschaft. Jan Ullrich ist jetzt wirklich begeistert: »Mir fehlen die Worte.«

Freie Fahrt nach Andorra

Was im neuen Jahr auf ihn zukommen würde, ahnt Jan Ullrich bereits Anfang Januar, als er an einem eisigen Nachmittag vor dem Brandenburger Tor ein paar Runden dreht. Auf einem klapprigen Damenrad ohne Gangschaltung. Ein französischer Fotograf ist angereist, seinetwegen. Er hat den Auftrag, die vermeintlichen Protagonisten der 97er Tour abzulichten. Ein früher Hinweis, dass ihm ein neuer Gegner zu Leibe zu rücken droht in dieser Saison, ein Gefühl, das ihm niemals wirklich behagen wird: Erwartungsdruck. Doch noch lächelt Jan Ullrich professionell ins Objektiv und meint: »Dadurch lasse ich mich nicht verrückt machen, ich fahre nicht für die Öffentlichkeit.«

Die Erwartungen an sich selbst sind allerdings ebenfalls gestiegen, auch das ist zu erleben im Januar 1997: Bereits eine Woche vor dem offiziellen Trainingsstart der Mannschaft reist Ullrich mit Peter Becker nach Mallorca, »'ne fiese Schufterei«, kündigt der Vorruheständler genüsslich an. Das Gespann hat sich für dieses Jahr bestmögliche Zusammenarbeit versprochen. Den unverhofften Aufstieg Ullrichs zum bewunderten Kronprinzen seines Metiers verstehen sie als Ansporn, nun auch den letzten Schritt zu setzen und dafür nichts unversucht zu lassen. Die gesamte Vorbereitung ist allein auf die Tour de France ausgerichtet. Der Planer Becker favorisiert dosierte Renneinsätze, im Herbst 1996 verzichtete Ullrich deshalb auf einen Start bei der Weltmeisterschaft in Lugano: »Wir wollen den Jungen doch nicht verheizen.«

Nach dem Mallorca-Abstecher nistet sich Peter Becker, wie im Jahr zuvor, wochenweise in Merdingen ein. Im Mai 1997 beginnt dort die intensive Phase der Quälerei, Udo Bölts und Jens Heppner schließen sich der Herrenrunde an und schuften mit im Schwarzwald. Nach einem Abstecher in die Vogesen und einem Höhenaufenthalt in St. Moritz steigt Jan Ullrich bei der spanischen *Bicicleta Vasca* in die Vorbereitungsrennen ein. Schon zu diesem Zeitpunkt lässt sein Teamchef Walter Godefroot die Bemerkung fallen, Ullrich müsse bei der Tour »eigentlich mindestens unter die ersten Fünf kommen«. Der Belgier ist durch den Freiburger Mannschaftsarzt Lothar Heinrich längst darüber informiert, dass »Jan in vielen Bereichen bessere Werte als zum gleichen Zeitpunkt des Vorjahres hat«. Dr. Heinrich überwacht die umfangreichen Gesundheits- und Leistungschecks, denen sich Ullrich seit 1995 an der Freiburger Uni-Klinik unterzieht. Er nennt ihn ein Phänomen. »1995«, erinnert sich Heinrich, »das war für sein Alter ein außerordentlicher Test.« Ein Jahr später findet er Ullrichs Testergebnisse »hervorragend«, und diesmal nennt er Ullrichs Darbietung auf dem Leistungsergometer »phänomenal«. Bis zu 198 Mal minütlich pumpt das große Sportlerherz, Ullrich besitzt bemerkenswert viele »Ausdauermuskelfasern«, wie Heinrich referiert. Der Ergometertest vor der Tour wird nach 63 Minuten bei 500 Watt abgebrochen. Es ist der beste, den Heinrich jemals begleiten wird.

Als Generalprobe dient Ullrich auch in diesem Jahr die Tour de Suisse. Er gewinnt die vierte Etappe und steht nach zehn Tagen trotz eines schwachen Tages als Dritter der Gesamtwertung auf dem Podium von Zürich. Wieder beginnen beim Team Telekom mit der Abreise aus der Schweiz die Diskussionen. Wegen Ullrich, wie schon letzten Sommer. Nur diskutiert die Nation diesmal fleißig mit. Bjarne Riis hat im Winter seinen Vertrag um zwei Jahre verlängert (für zwei Millionen Mark Jahresgehalt), und wenn er sein Ziel für diese Saison formuliert, kommt einem das irgendwie bekannt vor: »Ich bin Kapitän, ich möchte die Tour gewinnen.« Mag ihm sein Lehrling auch zum schärfsten Rivalen erwachsen sein, den passionierten Hobbytaucher aus Jütland ficht das nicht an. »Ich weiß nicht, was Jan im Inneren denkt«, sagt der Titelverteidiger wenige Tage vor dem Tourstart, »aber ich glaube nicht, dass er und ich die Rollen getauscht haben.«

Darf man Rudy Pevenage glauben, der inzwischen ein Vertrauensverhältnis zu Jan Ullrich aufgebaut hat, dann flunkert Riis. Oder es hat bei den Bonner Fernmeldern ein Kommunikationsproblem gegeben. Pevenage verrät viele Jahre später, als die Tour 1997 längst Geschichte ist und er zu Hause auf seiner Couch in Geraardsbergen sitzt: »Wir hatten uns schon vor der Tour festgelegt, dass Jan der Kandidat ist, und Bjarne wusste das wohl auch.« Die Mannschaft wird ebenfalls darin eingeweiht, dass Jan Ullrich zumindest als eine weitere Option im Kampf um den Toursieg anzusehen ist. Udo Bölts hört Pevenage sagen: »Wir können Jan unmöglich als Helfer mitnehmen, er ist unser zweites Ass im Ärmel.« Nur einer möchte davon nichts wissen: Ullrich. »Er hat sich das weggeredet, ließ keine Diskussion zu«, sagt Jens Heppner. Und so lächelt Jan Ullrich verlegen gegen die Prophezeiung der belgischen Legende Eddy Merckx an, wonach ausgerechnet er zum »erfolgreichsten Rennfahrer des Jahrhunderts« aufsteigen und »die Tour sogar öfter als ich gewinnen« werde. Merckx, den sie in den 70er Jahren wegen seiner fast pathologischen Sucht nach Siegen »den Kannibalen« nannten, trug das Gelbe Trikot fünfmal nach Paris.

Ullrichs Arbeitgeber Telekom hat vor der Tour nach Merdingen eingeladen, auf den Hof der Familie Weis, wo er und Gaby nach der Frankreich-Rundfahrt in einem Anbau eine 79-Quadratmeter-Wohnung beziehen werden. Sechs Stunden hört Jan Ullrich immerzu dieselben Fragen, in denen stets die stille Hoffnung seiner Landsleute auf den ersten deutschen Toursieger anklingt. Gut, sagt Ullrich in die Kameras, während sich auf seiner Stirn kleine Schweißperlen gebildet haben, »ich muss, auf Deutsch gesagt, nicht mehr jeden Scheiß machen«, also Essen holen im Anstieg, solche Sachen. Seine Form im Vergleich zu 1996? Gut so weit, wenn nur dieses lästige Medieninteresse nicht wäre, »denn deshalb fehlt mir oft der Mittagsschlaf, den ich so liebe«. Und, das nur nebenbei, für den Toursieg komme nur sein Boss in Frage, »der Bjarne, mir fehlt dafür die Erfahrung, er ist die Nummer eins, und ich akzeptiere das – ich habe noch so viel Zeit«.

Sein Trainer Peter Becker leistet derweil ganze Arbeit. Er bimst seinem langmütigen Athleten ein, was in den kommenden drei Wochen auf ihn zukommen werde. Becker glaubt noch weniger als die Leiter des Team Telekom an Riis' überragende Strahlkraft. Er hatte den Weg des 33-jährigen Dänen genau verfolgt. Mit dem *Amstel Gold Race* Ende April in Holland gewann Riis zwar sein erstes Weltcuprennen, doch danach wurde seine Form nicht besser. Ganz anders Ullrich: Der hebt wenige Tage nach der Tour de Suisse, bei der morgendlichen Teambesprechung vor den Deutschen Meisterschaften in Bonn, die Hand und fährt danach überlegen zum Titel. Die Quintessenz bekommt er von Peter Becker zu hören: »Der Bjarne will gewinnen«, flüstert er ihm ein, »doch ich hab da gar keine Bedenken, wir haben doch die Leistungsdiagnostik auf dem Tisch – Ulli, mit den Werten schlägt dich keiner! Dann bist du der Star, das musst du dir bewusst machen!« Der Ulli hörte sich das ohne Widerworte an. Beckers Eindruck: »Mann, war der nervös!«

Rouen, die blühende Stadt in der Normandie, Startort der 84. Tour de France. Der erste Samstag im Juli 1997, Deutschland ist bereit für den Aufstieg eines neuen Heros. Am späten Freitagnachmittag hat Boris Becker in Wimbledon das vermeintlich letzte Match seiner Karriere gespielt.

198 Fahrer nehmen den Prolog in Angriff. Jan Ullrich hat die Startnummer auf seinem Hintern kleben, es ist die acht. Morgens hat er verwundert in die Zeitung gesehen, denn *L'Équipe*, das Zentralorgan der Tour, hat ihn in der Liste der Favoriten mit fünf Sternen bedacht, als einzigen. Die Namen von Riis und des Spaniers Abraham Olano sind lediglich mit vier dekoriert. Beim Team Telekom wird nervös getuschelt. »Die wollen uns gegeneinander ausspielen«, kommentiert Riis die Hitparade genervt. Jan Ullrich: »Der Bjarne bleibt der Kapitän, ganz klar.« Er meint das ernst.

Nur um zwei Sekunden verpasst Ullrich beim Prolog den Sieg und damit das erste Gelbe Trikot für einen Deutschen seit Klaus-Peter Thaler 1978. Dabei hat er nicht einmal mit seiner Spezialmaschine fahren dürfen, der Weltverband untersagte den Einsatz der windschnittigen Sonderanfertigung aus Italien. Olano ist dennoch acht Sekunden langsamer, Riis sogar dreizehn Sekunden. Tagessieger wird der Brite Chris Boardman, ein Spezialist für solche Übungen. »Schade«, sagt Walter Godefroot, »besser so«, findet der interessierte Zuschauer Wolfgang Strohband. Denn schon jetzt bedrängen Publikum und Medien seinen 23-jährigen Imageträger, so dass dem nur ein Trost bleibt: »Wenigstens auf dem Rad bin ich allein.«

Allein gelassen fühlt sich Bjarne Riis am Sonntagabend, nach der ersten Etappe. Er ist verdammt sauer, aber er lässt sich das abends im Hotelfoyer nicht anmerken. »Okay, kein

Problem, das hol ich in den Bergen wieder auf!«, hatte er soeben seinen Teamkollegen nach einer lebhaften Diskussion versichert. Ein letztes Mal wahrt der Däne seine Aura des selbstbewussten Anführers, der er nach diesem Tag eigentlich gar nicht mehr ist. Denn sein ihm unterstelltes Personal hatte ihn unfreiwillig brüskiert:

Elf Kilometer vor dem Ziel hatte der Streckenfunk von *Radio Tour* eine Karambolage gemeldet. Massensturz kurz vor der Ortschaft Forges-les-Eaux. Bjarne Riis entkam dem Chaos mit leichten Blessuren, doch weiter vorne ging die Fahrt ohne Verzögerung weiter. Jan Ullrich hielt sich – wie an allen Tagen – an den vordersten Linien auf, um im Finale dem gefährlichen Gedränge inmitten der Nachzügler zu entgehen. Dass Riis so weit hinten fuhr – ein Anfängerfehler, raunten sich nach der Zieldurchfahrt die Beobachter zu. Mit 58 Sekunden Verspätung traf die Startnummer eins ein, einsam durch den Gegenwind geführt nur vom gleichfalls gestürzten Mitstreiter Christian Henn sowie von Rolf Aldag. Abends im Hotel geht das Theater los. Riis ist aufgebracht und schnappt sich Udo Bölts:

»Du hast die Verantwortung, wieso habt ihr nicht auf mich gewartet? Ihr müsst doch gucken, wo ich bin!«

Der treue Pfälzer Bölts, allseits geschätzt für sein loyales Verhalten, entgegnet mit dem vermutlich einzigen Widerwort seines Lebens:

»Und du, wieso fährst du denn so weit hinten?«

Gute Frage, doch Riis' Laune verbessert sich dadurch nicht wirklich. Was aber hatte sich dort draußen kurz vor Forges-les-Eaux tatsächlich zugetragen?

Eine kleine Meuterei. Denn die Bruchlandung ihres Leaders hatten Bölts, Ullrich sowie die weiteren Adjutanten Jens Heppner und Georg Totschnig sehr wohl mitbekommen. Warten oder fahren, das war jetzt die Frage. Udo Bölts, in diesem Moment Sektionsleiter, versuchte über Funk seinen Vorgesetzten Godefroot zu erreichen, doch statt des Belgiers hörte er nur:

»Ja hallo, hier Scharping!«

Der leidenschaftliche Hobbyradler und Verteidigungsminister hatte sich morgens dem Teamleiter als Beifahrer aufgedrängt. Walter Godefroot wiederum kümmerte sich gerade an der Unfallstelle um die Aufräumarbeiten. Die nächste Kontaktaufnahme misslang Bölts – kein Anschluss beim Team Telekom. Was tun?

»Fahren«, meint Jens Heppner, »Jan ist doch da!«

Godefroot und Pevenage hören sich abends die Geschichte an. »Wir hätten die Spitze sowieso nicht mehr bekommen«, argumentiert der erfahrene Kämpe Bölts, dem die Sache trotzdem ziemlich unangenehm ist. Die Sportlichen Leiter nicken verständnisvoll. Kein Tadel, kein ernstes Wort. Vielleicht, wer weiß das schon, hat Bjarne Riis bereits im Juli 1996 seinen größten Fehler begangen. Knapp 700 000 DM hatte er damals für seinen Toursieg nebst Prämien kassiert. Die Beute wird traditionell unter den Helfern aufgeteilt, weil der Champion anschließend durch Start- und Werbegelder genug verdient. Doch Riis habe nicht geteilt, eröffnet Jens Heppner, »keine Mark, null«. Heppner wird das wissen. Er ist beim Team Telekom der Kassenwart.

Im Juli 1997 hat Bjarne Riis nun ein echtes Problem. Gut eine Minute rangiert er nach der turbulenten Startwoche (inklusive zweier Sprintsiege von Erik Zabel) hinter seinem jungen Stallgefährten, der als bestplatzierter der Favoriten an Position drei geführt wird. Gelänge Ullrich in den Bergen eine ähnliche Leistung an der Seite von Riis wie im vergangenen Jahr, würde er statt Riis das begehrte Gelbe Trikot überziehen. Und einen Mann im *Maillot Jaune* aus den eigenen Reihen, das hatte Bjarne Riis ja in Rouen verkündet,

»den greift man nicht an, das ist doch normal«. Er hatte dabei wohl eher an sich gedacht.

Deutschland wartet. Wartet auf den heftig ersehnten Moment in Gelb, auf die ersten Schlachten im Hochgebirge. Die Tour, im Juli nahezu konkurrenzlos im Sportkalender, bewegt eine ganze Nation, sie erörtert das Profil der anstehenden Pyrenäenetappen und amüsiert sich über die Strafe von 50 Schweizer Franken für Bjarne Riis, der – wie Walter Godefroot nüchtern mitteilt – »Pipi am Straßenrand gemacht hat, obwohl Zuschauer in der Nähe waren«. Und nach der Tagesschau gibt es jetzt nicht mehr gleich den Spielfilm oder das Magazin, sondern eine Direktschaltung nach Frankreich. Wann fährt Jan Ullrich ins Trikot des Spitzenreiters?

Ullrich erträgt weiterhin das aberwitzige Gedränge vor dem Teammobil. Und er lässt jetzt ein Tagebuch im *Stern* schreiben, der umtriebige Kaufmann Strohband hat das eingefädelt. »Der Rummel wird wohl bis auf weiteres in meinem Windschatten sein«, dichtet sein Ghostwriter stilsicher. Und die Sache mit Riis, damit das mal geklärt ist, die sei doch »ganz einfach: Wir alle im Team arbeiten für Bjarne. Ich kann doch nicht sagen: ›Ich klinke jetzt meinen Kapitän aus.‹ Das wäre Irrsinn.«

Die Sache mit Riis ist wirklich einfach. Sie entscheidet sich binnen zwei Tagen auf den Serpentinen der Pyrenäen. Dort spielen Teamhierarchien jetzt keine Rolle mehr, in der Stunde der Wahrheit kommt es allein auf die Beine an, die Form. Riis hat sie definitiv nicht, das kann er nicht mehr leugnen auf der Fahrt nach Loudenvielle. »Traumhaft gute Beine« habe er gehabt, wird Jan Ullrich am Ende des Tages erzählen, beinahe hätten sie ihm das Gelbe Trikot beschert, schon heute. Elegant stürmt er den gefürchteten Tourmalet hinauf, hinter ihm quält sich Riis mit schwerem Tritt, und während sein Vordermann scheinbar ohne Anstrengung im Sattel sitzt, schleppt sich der Däne im Wiegetritt über den Gipfel und reißt sein Trikot auf. Ullrich zieht selbstlos seinen Kapitän, »als er bei Bjarne war, ist er nur 80, 85 Prozent gefahren«, rechnet Jens Heppner hoch. Erst im letzten Anstieg verabschiedet sich Ullrich von Riis, er reagiert auf die Attacken der französischen Hoffnung Virenque und des italienischen Kletterers Pantani, die dem Ausreißer Brochard nachsetzen. »Da muss ich mit«, gibt Ullrich später seine Gedanken wieder, Virenque sei schließlich einer der Favoriten. Riis, der werde sicherlich mitkommen, oder nicht? Er kommt nicht mit. Heute weiß es Jan Ullrich selber, »da hätte ich schon gewinnen können«, meint er, »das war mein bester Tag, aber ich habe noch einmal meine Arbeit gemacht.« Ein letztes Mal.

13 Sekunden fehlen Ullrich nach dem ersten Tag in den Bergen auf das Gelbe Trikot, Riis hat erneut eine halbe Minute verloren. »Eine kleine Schwäche« habe er durchlitten, beteuert Riis im Ziel, Ullrich sei diesmal der bessere gewesen, doch wer die Tour gewinnen werde – »das wird sich zeigen«. Es ist das letzte Aufbäumen des Bjarne Riis gegen seine Ablösung. Sie wird abends im Hotel beschlossen, im kleinen Kreis. Riis fügt sich dem Votum der Sportlichen Leitung, er hat keine Argumente mehr. Oben auf dem Hotelzimmer spricht Jens Heppner seinem nervösen Zimmerkollegen Ullrich noch einmal Mut zu: »Du musst für dich fahren, Warten bringt nix, sonst wirst du Dritter oder Vierter. Willst du das?«

Es ist der 15. Juli, ein sonniger Dienstag. Die Königsetappe nach Andorra über das Dach der Tour, den 2407 Meter hohen Port d'Envalira sowie weitere fünf Ungetüme, steht an. Am Start lässt sich der mutige Franzose Cedric Vasseur ein letztes Mal im Gelben Trikot verewigen, nach 45 Kilo-

59

metern unterbricht das Feld seine Fahrt. Einige Schweigeminuten am Gedenkstein für den Italiener Fabio Casartelli, der zwei Jahre zuvor an dieser Stelle nach rasender Abfahrt gegen einen Betonquader geprallt und verstorben war. »Mir ging Fabios tödlicher Unfall kilometerweit durch den Kopf«, gibt Jan Ullrich zu, doch bald schon verdrängte er seine Trauer. Und fuhr hinein ins Geschichtsbuch der Tour de France.

Das Signal zur freien Fahrt, am Abend zuvor längst erteilt, bestätigt ihm Godefroot 50 Kilometer vor dem letzten Anstieg nach Andorra-Arcalis, einer Skistation auf 2200 Metern Höhe. Der Belgier nähert sich Ullrich mit dem Mannschaftswagen, und er ruft ihm zu: »Heute nicht mehr warten, fahr was du kannst.« Auch Riis ermuntert ihn nun, ein paar Meter fahren sie nebeneinander und stecken die Köpfe zusammen. Der Däne Riis fühlt sich wieder nicht gut, er meint: »Pass auf, wenn du kannst im letzten Berg, dann fahr!.« Kurz zuvor hat Udo Bölts über Funk die fragende Stimme von Ullrich gehört: »›Soll ich, kann ich?‹ Er ist nicht von sich aus losgefahren.« Doch am Fuß von Andorra-Arcalis fährt dieser Jan Ullrich, aufgewachsen in Rostock-Papendorf, geformt in Berlin-Ost, flügge geworden in Hamburg-Hummelsbüttel und sesshaft im sonnigen Breisgau, endlich los; neun Kilometer vor dem Gipfel wuchtet er seine 73 Kilo mit einem solchen Tempo in den Berg, dass er nach einigen hundert Metern bemerken muss: »Plötzlich bin ich ganz alleine.« Virenque, Pantani und all die anderen können ihm nicht folgen, Godefroot übermittelt die Zeitabstände, »25, 40, 60, doch du spürst keine richtige Erleichterung«, erzählt Ullrich, »sondern nur Schmerzen, das Laktat ohne Ende, das kriecht dir in die Beine und macht sie schwer, die Lungen tun weh, die Luftröhre brennt.« Die vielen tausend Menschen, die bei 30 Grad auf dem grünen Hügel Spalier stehen für den heranfliegenden »Allemand«, sie sehen jetzt keine Schmerzen, sondern nur das jugendliche Antlitz eines Lausbuben mit vielen dunklen Sommersprossen, um dessen Hals ein schlichtes Lederkettchen baumelt.

Es sind jene Momente, in denen zu Hause am Fernseher die Zuschauer millionenfach aus ihren Sesseln springen vor Begeisterung. Er ist ja einer von ihnen, dieses unbekümmerte Einheitskind. Auch Mutter Marianne in Rostock (sie hat Felix diesmal gottlob rechtzeitig in Sicherheit gebracht) und Peter Becker am Prenzlauer Berg erleben Ullrichs Gipfelsturm voller Leidenschaft am Bildschirm. Becker setzt sich übrigens bald in den Wagen und fährt zwölf Stunden durch bis Südfrankreich, »um zu schaun, wie der Ulle det so macht«. Auch Peter Sager, sein Entdecker, sieht fern; er ist im Urlaub in Spanien und muss sich von seinem irritierten Nachwuchs fragen lassen, was denn wohl los sei mit ihm – »ich hab geheult wie ein kleiner Junge«.

Dank der Erfindung des Taschentuchs sieht dann auch Peter Sager, wie Jan Ullrich vor seiner freihändigen Einfahrt in Andorra-Arcalis noch rasch den Reißverschluss seines Trikots schließt für das historische Bild (was den Sponsor freuen wird) und wie er bei der Siegerehrung Probleme mit den beiden Podiumshostessen in ihren knallgelben Kleidchen hat – die obligatorische Kusskombination missrät ihm leicht. Und dann breitet er noch einmal seine Arme aus zum Gruß an die Welt und legt seinen Kopf in den Nacken, er blickt in den hellblauen Pyrenäenhimmel und denkt vielleicht an Fischerdorf in Lütten-Klein, ans Feilen in der Fabrik 7. Oktober oder an Beckers unerbittlichen Trainingsdrill.

Hinter der Bühne empfängt ihn der Tagesfünfte mit dreieinhalb Minuten Rückstand. Es ist Bjarne Riis, er schließt Ullrich fest in die Arme wie einen Sohn, und seine Freude wirkt nicht gespielt. Spätestens jetzt beginnt eine langjährige

Freundschaft. Er habe bei »Bjarne so viel gelernt«, resümiert Jan Ullrich heute und erzählt fasziniert von 1996, wie sich sein Kapitän morgens eine Taktik zurechtgelegt habe. »›Du führst vorne, lass mich bisschen abhängen und stöhne, dann greifen die an – und ich setze einen drüber, und dann bin ich weg‹ – das konnte er exzellent.«

In Andorra jedoch hat Bjarne Riis den Generationswechsel akzeptiert, den Walter Godefroot an Ort und Stelle in fast lyrischem Ton vermeldet: »Der König muss abtreten und wieder der Prinz werden.« Riis sagt noch am Abend seine Unterstützung zu, auch wenn er weiterhin im Stillen an eine Wende in den Alpen glaubt. Sie sitzen dicht beieinander, »ich bin ja nicht einmal schlecht gefahren«, meint der 33-Jährige, »doch mit dir konnte keiner mithalten«. Wie Ullrich das gemacht habe? Der souveräne Tagessieger verrät sein Geheimnis: »Ich hab es einfach mal probiert.« Und dann geht er rauf aufs Zimmer zu Jens Heppner, sie reden noch ein paar Sätze und schlafen bald ein. Neben ihm wacht das Gelbe Trikot, es baumelt über der Stuhllehne.

Noch sind es fast 1800 Kilometer bis Paris, doch die härteste Prüfung wartet auf Jan Ullrich, als die Karawane sich eine Pause gönnt. »Ruhetage sind keine Ruhetage mehr«, lässt er in sein Tagebuch schreiben, »Ruhetage sind Wirbeltage für die Medien.« Eine Hundertschaft Berichterstatter aus aller Welt fällt ein ins Telekom-Quartier in St. Étienne, aus Deutschland sind Kollegen vom Boulevard eingeflogen. Sie interessieren sich neuerdings brennend für die Geheimnisse des Radsports und dessen neues Idol. Leider können die meisten nur erahnen, dass das dort vorne wirklich Jan Ullrich ist, der zu ihnen spricht. Sie sehen ihn nicht, der Raum ist hoffnungslos überfüllt. Ullrich erzählt in diesen Tagen noch einmal im Kurzdurchlauf seine Geschichte und belässt es ansonsten bei schlichten Weisheiten wie »ich denke von

Tag zu Tag«. Öffentliches Reden liegt ihm ganz offenbar nicht.

Am nächsten Tag müssen die Franzosen einsehen, dass ihr Liebling Richard Virenque ihnen wohl den ersten Tour-Sieg eines Landsmannes seit zwölf Jahren nicht zu schenken vermag. Der Mann im weißen Trikot mit den roten Punkten, das ihn als besten Bergfahrer ausweist, fährt in St. Étienne als Zweiter zwar das beste Zeitfahren seines Lebens. Und dennoch gerät es für den Festina-Profi zur Demütigung. Drei Minuten vor Jan Ullrich war er von der Rampe gerollt, doch nach knapp 40 der 55 Kilometer fliegt der Deutsche tatsächlich an ihm vorbei. Auf der Zielgeraden duellieren sich beide in einem Sprint, auch den verliert Virenque. Ullrich ringt nun erstmals hörbar mit seinen Gefühlen; »unfassbar, dass ich mit seinem Vorsprung gewonnen habe«, hinterlässt er vor der Abfahrt ins Quartier. Sein Vorsprung auf Virenque beträgt nun sagenhafte 5:42 Minuten, derart souverän hat zuletzt Induraín regiert. Der seriöse *Figaro* nennt Ullrich »den einsamen Helden von einem anderen Planeten«.

Ullrich und Virenque präsentieren sich fortan als unzertrennliches Paar. Es geht in die Alpen. L'Alpe d'Huez, Courchevel und Morzine – diese Kolosse der Tour werden die Entscheidung erzwingen. In L'Alpe d'Huez verstellen mehr als 500 000 Menschen ihren Helden den Aufstieg, der über 21 Serpentinen führt. Es sind die gefürchtetsten Rampen des Radsports. Marco Pantani, der glatzköpfige Italiener, gewinnt vor Ullrich und Virenque, der fast eine Minute verliert. Am zweiten Tag in den Alpen liefert Ullrich nun auch sein taktisches Meisterstück, als er Virenques ständigen Attacken mit Ruhe begegnet und in einer kritischen Phase auf Bjarne Riis wartet. Auf dass der ihn bei der Verfolgungsarbeit unterstütze. Nicht einmal ein Fahrfehler auf einer rasenden Abfahrt, der ihn kurz in den Abgrund blicken lässt, sowie die anschließende Flucht Virenques inklusive seiner Festina-Leibgarde erzeugen bei ihm übermäßige Nervosität. Den steilen Madeleine überquerte der Franzose zwar allein, doch nicht zuletzt dank der enormen Zugleistungen seines Kompagnons Riis schließt das Gelbe Trikot bald wieder auf. Ullrich ist von den Hilfsdiensten des selbstlosen Titelverteidigers gerührt, »dass so ein großer Meister für mich gefahren ist – ich kann ihm gar nicht genug danken«.

Jan Ullrich hat sich an diesem Tag ebenfalls als Ritter des Sports erwiesen: Er überließ Virenque zwar keine Sekunde Vorsprung, dafür aber den Etappensieg und gilt nun auch als Meister der fairen Geste. »Ich will kein Kannibale sein«, erklärte er hinterher. Schönen Gruß auch an Eddy Merckx.

Auch die dritte Alpenepisode sieht Ullrich und Virenque einträchtig nebeneinander eintreffen, hinter dem erneuten Etappensieger Pantani. Virenque gibt sich fast geschlagen, er erkennt: »Ullrich ist einfach zu stark, du kannst so schnell fahren wie du willst – du schaust dich um, und Jan ist immer noch da.« Die Tour scheint also entschieden, und nach dem 17. Tagesabschnitt gen Colmar feiert Jan Ullrich sogar ein kleines Familienfest. Von der anderen Rheinseite sind Gaby und zahlreiche Bekannte aus Merdingen angereist. Sie haben auch seine Mutter mitgebracht. Nach zwölfstündiger Nachtfahrt war sie in Merdingen angekommen, und nun hat Marianne Kaatz es irgendwie hinter die Absperrungen geschafft. Nach der Siegerehrung steigt sie zu ihm aufs Podest und herzt den verlorenen Sohn: »Ich hab ihn seit Weihnachten nicht gesehen«, bringt sie entschuldigend hervor und lässt dazu ein paar Tränen kullern. Ihr Junior hat mit allem gerechnet, nur nicht mit Mama: »Als ich Mutter umarmte, konnte ich nichts außer ›danke‹ sagen.« Was für ein Unterschied der Temperamente, denn Mutter gibt wortreich TV-Interviews und betet nebenbei für den vorzeitigen Abbruch

Kraftvoll, kämpferisch, gierig – Jan Ullrich auf dem Weg zum Vuelta-Sieg 1999.

Links: Nahrungsaufnahme: das Mittagessen wird im Verpflegungsbeutel gereicht.

Rechte Seite:

Oben: Testobjekt: Jan Ullrich und Teamarzt Lothar Heinrich (rechts) beim Ergometertest in der Freiburger Uniklinik vor der Tour 1998.

Unten: Jan Ullrich beim Zeitfahren in Sydney.

Unten: Während der Massagen von Dieter Ruthenberg schläft Jan Ullrich gerne ein.

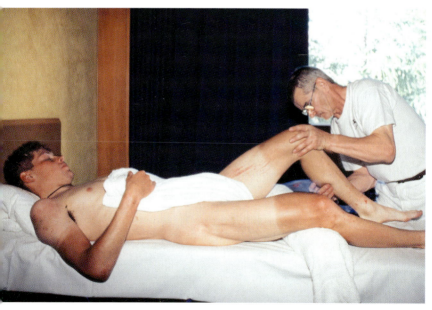

Mit im Schnitt 50 Sachen durch die Sonnenblumen.

Rechte Seite:
Begeisterte Fans am Straßenrand.

Laie in Shorts: Jan Ullrich im Herbst 1997 beim Windsurfen auf Lanzarote.

Freunde im Anzug: Jan Ullrich, Betreuer Rudy Pevenage und Trainingspartner Tobias Steinhauser (von links) bei der Coast-Präsentation im Januar 2003.

Pannenservice: Rudy Pevenage bringt Jan Ullrich nach einem Reifendefekt wieder in Schwung.

Manager Wolfgang Strohband.

Rechts: Freunde guten Weins: Jan Ullrich und Lebenspartnerin Gaby Weis.

Ein Name, ein Ziel: Jan Ullrich mit seinem Bruder Stefan, bei der Tour 2003 Mechaniker im Bianchi-Team.

Der Förderer und sein Talent: Trainer Peter Becker und Jan Ullrich bei der Tour 1997.

Mit einem jungen Verehrer – Jan Ullrich während der Tour 2003.

der Veranstaltung. »Der Junge wird durch das ganze Drumherum ja verrückt«, klagt sie, »er hat mich am Telefon sogar schon angeschrien«.

Für Jan Ullrichs Nervosität gibt es einen Grund. Er ist krank. Bronchitis. Der Patient kann nicht schlafen, er ist unruhig, er bekommt allmählich ohnehin Angst vorm Siegen, drei Tage vor Paris. »Ich habe ihn nie wieder so nervös gesehen«, wird Jens Heppner später erzählen, »und der Druck hat ihn mindestens genauso fertig gemacht wie die Erkältung.« Am nächsten Morgen bricht die Tour in die Vogesen auf, eine tückische Etappe, und Heppner muss seinem Zimmerkollegen zureden, damit er irgendwann doch einschläft, matt und schniefend.

Ullrichs Sorgen sind nicht unbegründet. Morgens fühlt er sich müde. Und Virenques Männer attackieren wieder, es ist ihre letzte Chance, von einer Schwäche des Deutschen profitieren zu können. Und Ullrich ist schwach, aber er hat Udo Bölts.

Bölts stammt aus Heltersberg, das ist ein kleiner Ort im Pfälzer Wald. Jan Ullrich ist schon mal bei ihm gewesen. Wenn man zur Familie Bölts fährt, geht es kilometerweit durch dichtes Grün. Dass hier irgendwo Menschen leben, ahnt man nur wegen der bemalten Straßen: *UDO* steht dort überall mit weißer Farbe geschrieben. Udo Bölts, Jahrgang 1966, ist in Heltersberg aufgewachsen, auch seine Frau stammt von hier. Bölts steht zu seiner Bodenständigkeit, und vielleicht hat gerade sie aus ihm über all die Jahre so etwas wie die moralische Instanz des Team Telekom gemacht. Das alles muss man wissen, um zu verstehen, was auf der Reise durch die Vogesen vor sich geht.

Richard Virenque fährt wieder einmal wie der Teufel. Udo Bölts schaut auf seinen Tacho, Tempo 16 bis 17 im Anstieg. Ullrich ruft ihm zu:

»Fahr 15!«

Dem Franzosen ist das zu langsam, Virenque attackiert, auch Pantani und Olano gehen mit. Bölts: »Die haben gemerkt, dass Ulle gar nicht schneller kann.« Ullrichs Leutnant erhöht wieder auf 16, denn Virenque fliegt ihnen allmählich davon.

»Lass es jetzt mal, fahr 15!«

Die kleinste Tempoverschärfung macht Jan Ullrich zu schaffen, am Horizont verschwindet das rote Begleitfahrzeug, das der Spitzengruppe folgt.

»Du Jan«, sagt Bölts, »die laufen uns weg!«

»Nicht so schnell, ich kann nicht im Moment.«

Der Rückstand auf die 20-köpfige Gruppe wächst, und in diesem schweren Moment läuft Jan Ullrich Gefahr, seinen Vorsprung von fast sechseinhalb Minuten einzubüßen. Noch einen Kilometer ist es bis zum vorletzten Gipfel, und der treue Helfer aus dem Pfälzer Wald spannt sich mit Leidenschaft vor seinen ausgelaugten Chef, den die dicht Spalier stehenden Massen anschreien, denn er trägt ja das Gelbe Trikot, und ist im Moment abgehängt. In diesem Durcheinander der Emotionen tritt Bölts und tritt, »ich wusste in diesem Moment nicht, was ich machen sollte«, und deshalb dreht er sich irgendwann um zu Ullrich und brüllt ihm ins Gesicht:

»Quäl dich, du Sau!«

Ein Zitat, das ihn und Jan Ullrich für immer verbinden wird, auch wenn der Empfänger heute fast beleidigt meint: »Hab ich gar nicht gehört, und er hätte es sich auch sparen können, weil du im Gelben Trikot ohnehin 200 Prozent gibst.« Doch ob ihn der verzweifelte Ausbruch seines Domestiken tatsächlich nicht erreicht im Klangbrei aus Menschengebrüll, Sirenengeheul und dem dumpfen Pochen seiner Halsschlagader – unerheblich. Denn die Leidensgemeinschaft quält sich mit erträglichem Rückstand über den Berg, und nach einer halsbrecherischen Abfahrt erblicken sie dort vorne wieder den roten Fiat. Sie können aufschließen, in der Hauptgruppe fahren sie in Montbeliard ein.

Jan Ullrich rollt gleich durch, Richtung Hotel, er ist erledigt. »Ulli ist nervös geworden«, berichtet Bölts lässig seinem Empfangskomitee, und hinterher im Hotel kommt Godefroot zu ihm, »gut gemacht, das war knapp heute«. Dass Godefroot einmal etwas sagte, meint Bölts, »das war sehr selten«. Ullrich? Bedankt sich wie nach jedem Tag in Gelb bei seinen Teamkollegen per Handschlag. Zu Bölts geht er spät abends aufs Zimmer. Er umarmt ihn, und der bescheidene Mann aus Heltersberg sagt: »Das werde ich nie vergessen.«

Die 84. Tour de France hat nun endgültig ihren neuen Helden etabliert, Jan Ullrich realisiert das langsam. Abends telefoniert er ja häufiger mit Gaby, und sie erzählt ihm dann, was zu Hause los ist seinetwegen. Sein Kopf taucht jetzt immer häufiger in den Kommentarspalten des Politikteils auf, die Schreiber von der Yellow Press haben seinen Vater aufgespürt und rechnen nebenbei den Lesern vor, wie viele Millionen der erste deutsche Toursieger bald verdienen wird. Marianne Kaatz, vormals Ullrich, verrät in der Sonntagszeitung eines der letzten Geheimnisse ihres Sohnes: sein Lieblingsgericht, grüne Heringe in Rennfahrersoße, einer süßsauren Mehlschwitze.

Noch erträgt Jan Ullrich das alles, noch bleibt ihm die Flucht aufs Rad. Kürzlich in L'Alpe d'Huez, so Walter Godefroot auf dem Weg nach Paris, habe Ullrich kaum noch Luft bekommen, so sehr hätten ihn die Menschen mit ihrer Zuneigung und Begeisterung erdrückt, »die Menge hat ihm Angst gemacht«. Jan Ullrich bestätigt das, er leidet ohnehin unter Platzangst, wenn es eng wird im Fahrstuhl oder auch im Flugzeug, »und wenn im Ziel zu viel um mich herum passiert, wenn hinter dir Menschen stehen und vorne und von überall drängeln, dann krieg ich schon so ein bisschen Panik«.

Nur, er muss jetzt damit leben.

Paris, Disneyland. Zwischen Goofy und Micky Maus belegt Ullrich den zweiten Platz beim letzten Zeitfahren. Hinter dem spanischen Mitfavoriten Abraham Olano, doch Virenque und Pantani können erwartungsgemäß nicht mithalten. Mit neun Minuten und neun Sekunden Vorsprung geht Ullrich nun auf die Ehrenrunde über die Champs-Élysées, der größte Abstand seit 1984. Jetzt kann sich auch der Weltmeister der Zurückhaltung nicht mehr verweigern, »jetzt bin ich durch«, begreift er, »ich hab die Tour de France gewonnen«. Abends im spartanischen Hotel *New York*, Zimmer 2154, empfängt ein müder Held auf einem französischen Doppelbett einige deutsche Journalisten. Ohne Leidenschaft und Heiterkeit, das werden sie ihren Lesern berichten, habe er ihnen von seinen Gefühlen erzählt. Sein Gesicht ist geschwollen, die Bronchitis, er ist »jetzt ziemlich alle«. Und dann gibt der 23-jährige Tour-Gewinner aus Rostock etwas von sich, was sich als sein größter Irrtum während dieser drei Wochen herausstellen sollte: »Ich kann nicht sagen, dass ich ein Star bin.«

Der Rest sind Bilder fürs Familienalbum, an denen allerdings 80 Millionen Landsleute teilhaben möchten. Seine Familie ist in Paris angekommen, wieder weint Marianne Kaatz, als ihr unrasierter Junge auf dem Prachtboulevard der Kapitale kurz vor sechs die höchste Stufe des Radsports besteigt. Er hat es sich gewünscht, dass alle kommen, Gaby, seine Familie, Peter Becker und Peter Sager sowieso, dem *RTL* den Trip bezahlt hat. Spendabel zeigt sich auch der Sponsor, der in der Rue Galilée einen schnieken Pavillon angemietet hat und dort neben einem Heer von Schlipsträgern ein paar Sportler in Trainingsanzügen duldet. Jan Ullrich gewährt dem besonders fotogenen Verteidigungsminister einige Schnappschüsse, ehe er sich ins Hotelfoyer zurückzieht. Dort sitzen sie noch lange beisammen, er und seine Familie.

Montag, ein letzter Kraftakt. Empfang beim Sponsor in der Bonner Telekom-Zentrale, danach wird der Champ im Luxuscabrio durch die Straßen chauffiert. Autokorso auf der Bundesstraße 9 zum Zentrum, vorbei an den Parteizentralen, bis zum Historischen Rathaus. Scharping ist auch schon da. Bürgermeisterin Diekmann hält eine Rede, und den folgenden Satz der Politikerin erwidert Jan Ullrich mit einem gequälten Lächeln: »Sie stehen in einer glaubwürdigen Reihe mit Adenauer, de Gaulle, Gorbatschow und dem Papst.« Ja, das hat sie wirklich gesagt.

Freigegeben zur Verehrung

Was für eine Hühnerbrust! Über zwei Farbseiten hinweg räkelt sich Jan Ullrich einen Monat nach seiner Abreise aus Paris im Heft seiner Geschäftspartner von der *Bunten*, auf einer frisch gemähten Wiese. Ein flottes Kerlchen in Shorts mit freiem Oberkörper lächelt einem entgegen, Kopf, Oberschenkel und Unterarme immer noch tiefbraun, als sei eine Zehnerkarte fürs Solarium nur für Teilbereiche des schlanken Körpers gültig gewesen. Es sind Erinnerungen an die Tour de France.

Die Interviewer kommen gleich auf den Punkt: »Frauen lieben Helden«, behaupten sie, »wie gehen Sie damit um?« Es komme viel Fanpost, entgegnet der neue Schwarm der Nation, »meine Freundin Gaby macht die für mich auf. Da gibt's halt einige, auch freizügige Fotos – ganz gut, dass Gaby das erledigt, da weiß sie gleich Bescheid.«

Man ahnt im deutschen Sommer 1997 früh, dass Jan Ullrich vielleicht doch nicht zu jenem Star taugt, den die professionellen Vermarkter der Medien sich erhoffen und der er partout nicht sein mag. Die Geschäfte stagnieren, seitdem Boris Becker sein Privatleben schätzen lernt und das in den Planungskommissionen des Privatfernsehens erschaffene Glamour-Produkt Henry Maske tränenreich sein letztes Gefecht hinter sich gebracht hat. Steffi Graf? Das Knie. Und auch Michael Stich möchte nicht mehr aufschlagen, aber ein Star ist der ja nie gewesen. Er hat das nie richtig zugelassen.

Jan Ullrich verrät wenig Talent zum Entertainer, doch mit der Geschäftsidee Ullrich geben sich alle wirklich Mühe. Wolfgang Strohband legt der spröden Begabung vorsichtig nahe, sich doch vielleicht in die Hände von Rhetorikexperten zu begeben. Die Idee hatte er schon zu Hamburger Zeiten, »so eine Art Managertraining, das hätten wir bei einem Bekannten sogar umsonst« bekommen. Doch Ullrich lehnt ab. Er möchte das nicht, er findet so etwas »albern«, und überhaupt habe er sich, wie er noch heute meint, »nie als Vorbild, als Held gesehen – was ich mache, ist für mich normal«.

Trotzdem arbeitet Strohband nun vorbildlich an der medialen Strahlkraft seines Sportlers, der ab sofort zur Verehrung freigegeben ist. Er organisiert den Schulterschluss mit den Meinungsmachern. *Bild* etwa geht mit der Heldensaga in Serie. »Alle zwei Tage hab ich mit denen fünf Minuten telefoniert«, erklärt Ullrich, »oder ich hab mich eben kurz getroffen.« Die Umarmung der Heldenmacher mit dem ungeschliffenen Produkt ist viel inniger, als es allen recht sein kann. Trainer Peter Becker beschenkt als einer von mehreren Verfassern (angeblich inklusive des Hauptdarstellers, der jedoch abwinkt: »Geschrieben haben das natürlich andere«) die Welt der Literatur direkt nach der Siegesfahrt mit Ullrichs Buch zur Tour. Darin darf sich, wie es Michael Reinsch von der *Frankfurter Allgemeinen Zeitung* einmal formulierte, »der Fernsehreporter Hagen Boßdorf ebenfalls der Familie Ullrich anschließen und von seinesgleichen distanzieren«. Der Mitautor Boßdorf kommentiert für die *ARD* die Tour, was ohnehin praktisch ist, denn der Sender wirbt beim Team Telekom mit der Eins auf der Brust. Kritische Fragen braucht man von den Gebührenverwertern vorerst nicht mehr erwarten. Doch ist das Ullrichs Problem in den Wochen des Schaulaufens und Abkassierens?

Vielleicht. Vielleicht benötigt Jan Ullrich nach seinem Aufstieg in die erste Reihe nicht weitere Stichwortgeber, sondern jemanden, der ihm anders entgegentritt als jene treuen Begleiter, die ihm seit Jahren schon jede Entscheidung abnehmen. Jan Ullrich lässt sich weiterhin fremdbestimmen, natürlich, er kennt es ja nicht anders, seitdem er sich aus der Rostocker Plattenbau-Wohnung seiner Mutter in Lütten-Klein verabschiedet hat. Nur Ullrichs Teamchef Walter Godefroot tritt früh als Mahner auf, bereits während der Feierlichkeiten in Paris hatte er den Zeigefinger erhoben: »Jan kann mit PR jetzt mehr verdienen als auf dem Rennrad und das ist die große Gefahr.« Er kennt Ullrich schon etwas länger, als die Leute vom Fernsehen dies tun.

Manager Wolfgang Strohband versteht die Situation fraglos als Auftrag, er ist schließlich Kaufmann von Beruf. Hinter seiner hohen Stirn funktioniert eine erstklassige Rechenmaschine, schon nach der Wende hat sie im Verbund mit seinem Geschäftssinn dafür gesorgt, dass seine Autofirma einen lukrativen Handel mit der auf den Markt drängenden Kundschaft aus dem Osten betrieb. Einen Pendelbus mit konsumfreudigen Hamburg-Touristen aus Schwerin ließ er regelmäßig auf sein Gelände umleiten, für das florierende Geschäft mit neuwertigen PKW hatte er eine sichere Führungsposition bei einem Automobilkonzern aufgegeben.

Nach der Tour nennt Strohband nicht ohne Stolz die Summe, für die sein sportiver Mandant bei den anstehenden Kriterien an den Start geht: 40 000 Mark – Festpreis. Dass er über Provisionen mitverdient, ist wohl legitim angesichts der runden halben Million, die er anfangs in die Hamburger Radmannschaft pumpte und deretwegen ihm die Gattin »zwischendurch richtig Ärger gemacht« habe. Doch vor allem sein Klient müsse natürlich nach dem großen Erfolg Geld verdienen – die rund vier Millionen Francs aus der Mannschaftskasse hat der Geschäftsführer Jens Heppner diesmal unter den Helfern aufteilen dürfen.

Und der generöse Kapitän kommt nicht zu kurz. Wolfgang Strohband, den Ullrich »unkompliziert und sehr seriös« nennt, versteht sein Handwerk. Die Telekom stockt Ullrichs Salär auf mehr als zwei Millionen Mark auf, der Manager akquiriert zudem eine Hand voll Werbeverträge, darunter ein zehn Jahre gültiges Papier von *adidas*. Ein vermeintlicher Rentenvertrag. Außerdem wirbt Ullrich für Müsliriegel, Schweizer Uhren und französisches Wasser, allesamt millionenschwere Verträge, auf rund vier Millionen Euro per annum wird der junge Großverdiener geschätzt. Nur große Verträge habe man abschließen wollen, betont Strohband, »und das Warten darauf hat sich ausgezahlt«. Zumal Ullrich jedem Partner nur drei PR-Tage pro Jahr zur Verfügung stünde. Er hält das für eine gute Lösung, »denn der Jan ist ja Sportler und kein Schauspieler«.

Rund zwei Dutzend Rennen bestreitet Jan Ullrich in wenigen Wochen, das erste gleich nach dem Rathaus-Empfang in Bonn. Der *WDR* überträgt das Kirmesrennen bei Flutlicht aus Holland live. Ullrichs Auftrag ist simpel: immer herum um die Häuserecken, wie früher in Lütten-Klein. Oder wahlweise »Rund um den Pfaffenteich«, wie vor 40 000 Fans in Schwerin. »Alles mit Jan und der Sportlichen Leitung abgesprochen«, schwört Strohband hoch und heilig und versucht, der These zu widersprechen, dass sie die Zirkusnummer mit ihrer Attraktion vielleicht doch ein bisschen zu oft gezeigt haben könnten. Er räumt aber auch ein: »Vielleicht war das alles doch ein bisschen viel für ihn, Fehler macht man immer.« Nicht nur er, sondern auch sein Klient, der das Nein-Sagen damals bekanntermaßen noch sehr sparsam als

Stilmittel einsetzte. »Zumindest hat Jan seine Meinung damals noch nicht so deutlich gemacht«, wie sein Manager urteilt.

Widerstand regt sich in Jan Ullrich also eher selten, wenn an ihm gezogen und gezerrt wird. Etwa dann, wenn die Vereinnahmung seiner Person zur Debatte steht. »Die Leute aus den neuen Bundesländern akzeptieren mich oft nur als Rostocker oder Berliner«, klagt er, »und die anderen als Hamburger oder Merdinger«; er jedoch fühle sich als gewöhnlicher Gesamtdeutscher, »da gibt's kein Westen oder Osten«. Die Ehrenmitgliedschaft beim FC Hansa in Rostock hat er abgelehnt, ebenso den Eintrag ins Goldene Buch der Hansestadt. Aus Zeitgründen, wie Strohband ausrichten lässt. In Merdingen dagegen kommt er um das große Hallo nicht herum, er tut es allein Gaby zuliebe.

Vier Wochen nach seiner Triumphfahrt durch Paris trifft Jan Ullrich in Merdingen ein. Das Städtchen am Tuniberg zählt 2500 Einwohner, doch auf den Beinen sind jetzt mindestens 8000, wie der Bürgermeister aufgeregt verkündet. Für die zahlreichen Reporter hat er das Standesamt räumen lassen und dort kurzerhand ein Pressebüro eröffnet. Ullrich, im luftigen Polohemd erschienen, trägt sich im Bürgerhaus ins Gästebuch ein, anschließend fahren sie ihn zu einem Festzelt. Dort ist Jan Ullrich dann sehr gerührt, denn nicht nur Wein und Sekt werden nach ihm benannt, sondern ebenfalls – nach einstimmigem Beschluss des Gemeinderates – eine Straße an der Schule. Danach ging es weiter, zum Weltcuprennen in die Schweiz.

Mitte September beendet Jan Ullrich auf Anordnung Walter Godefroots die erfolgreichste Saison seiner Laufbahn. Acht Wochen später bereits meldet er sich zurück zum Dienst, aus gutem Grund: Er trägt zehn Kilo Übergewicht. Und gut fünfzehn mehr als nach seiner Ankunft in Paris, wie die von der Sensationspresse eingeschalteten Experten der *Weightwatcher* ermitteln. Sie taxieren das Versuchsobjekt aus der Ferne auf 87 Kilogramm. »Kein Grund zur Beunruhigung«, erwidert der Genießer auf die vorsichtigen Fragen nach seiner Befindlichkeit, »das geht mir jedes Jahr um diese Zeit so.« Doch nicht nur die *Bild*-Zeitung ist irritiert (»Wo kommen plötzlich die Pfunde her?«). »Ich habe mich fast erschrocken über sein Gewicht«, berichtet Udo Bölts vom Wiedersehen beim Mannschaftstreffen Anfang Dezember in Bad Neuenahr. Und viel Besserung ist nicht in Sicht, denn Jan Ullrich eilt von Büffet zu Büffet: In Ludwigsburg nimmt er erstmals die Auszeichnung zum *Sportler des Jahres* entgegen, es folgen die Verleihung des *Goldenen Bambi*, der *Goldenen Henne* und des *Velo d'Or*, die Auszeichnung zum Weltradsportler.

Es wird nicht der einzige Winter sein, in dem sich Jan Ullrich für sein Gewicht rechtfertigen muss. Auch in den folgenden drei Jahren wird er in der Zeitung regelmäßig mit seinem pausbäckigen Konterfei konfrontiert und manchmal auch mit Zeugenaussagen in der Sache Radsport-Deutschland vs. Ullrich. Mal meldet sich der Pächter einer Tankstelle im Breisgau erschüttert zu Wort mit seinem Augenzeugenbericht, ein nicht ganz unbekannter Radprofi mit rostbraunem Haar und Sommersprossen habe nachts eine Familienladung mit Speiseeis, Schoko- und Müsliriegeln abtransportiert. Ein anderes Mal dient das Personal eines *Edeka*-Ladens als Quelle bei der Indizienfindung. Und manchmal wird der treue Kunde dann gefragt, ob er nicht, wenn er schon so häufig komme, eine Autogrammstunde abhalten könne. Jan Ullrich verweist dann ordnungsgemäß auf seinen Mann des Vertrauens in Geldfragen. Und Wolfgang Strohband nennt dem Interessenten dann die Summe, sie liegt gewöhnlich im fünfstelligen Bereich.

Jan Ullrich, das ist offensichtlich, hat Probleme, sich zu zügeln. Ob an der Ladentheke oder in Merdingen, wenn Gabys Mutter Rosemarie Kekse backt – er vermag dem verlockenden Duft selten zu widerstehen. Auch im *Gasthof Keller*, seinem Merdinger Stammlokal, lässt er sich in seinem Winterschlaf vom Wirt badische Köstlichkeiten servieren. Auch das Gourmetrestaurant im *Hotel Pfauen* zu Umkirch erlangt durch die Besuche des pfundigen Gastes zusätzlich Ruhm und Geltung. Seine Mutter, wie Bölts »beim ersten Mal erschrocken von diesem Anblick«, erklärt sich das Phänomen übrigens mit einem traumatischen Erlebnis in den ersten Lebenswochen des Jan Ullrich: Stefan, der ältere Bruder, habe damals »das schreiende Baby Jan« mit einem seiner Weihnachtsmänner aus Schokolade beruhigen wollen – »der ist schuld, denn er hat ihm das Süße in die Wiege gelegt«. Sie lacht laut, wenn sie das erzählt.

Auch Jan Ullrich lacht stets mit, wenn er von den Kollegen im Trainingslager Sprüche hört wie den von Bölts: »Geh du mal raus aus dem Aufzug – mit dir kommen wir hier nie hoch.« Wenn Ullrich genauer über sein Winterproblem nachdenkt, spürt er, dass ihn in der Nebensaison stets eine gewisse Unlust auf Disziplin ergreift, er möchte wohl nach all den Jahren der Entbehrungen sein Leben genießen, und da darf es zur Belohnung für die Schinderei des Sommers gerne auch die badische Hausmannskost sein: Schlachtplatte, Ripple, Knöpfle.

Er habe schon immer viel, fett und gerne süß gegessen, sagt Jan Ullrich heute und ergänzt, ihm habe das lange Zeit nichts ausgemacht. »Ich war früher immer der Kleinste und schmächtig.« Und er habe den Rausch der Genüsse stets als Teil seines Lebens verstanden, »um die wenige Freizeit, die ich habe, auch zu genießen«. Doch den öffentlichen Druck und die vielen Termine, das weiß er inzwischen, kompensierte er mit Unmengen von Kalorien. Einsam ist er dabei gewesen, denn in der Öffentlichkeit »haben ja alle auf ihn geguckt, was er in den Mund steckt«, erläutert Jens Heppner, »auch die Trainer, die Masseure – er hat am Tisch fast nichts gegessen, dafür dann abends heimlich.« Zu Hause auf der Couch. Niemand ist in dieser Zeit bereit, ihm das offensiv auszureden, auch nicht Pevenage oder Strohband. Man dürfe »Jan nicht mit der Brechstange kommen«, weiß aus guter Erfahrung sein Manager – eher schon mit Marzipanbrot: »Jan ist nun mal kein Kostverächter.«

Während der Tour frisst er ja auch drei Wochen lang wie ein Scheunendrescher, beginnend jeden Morgen, wie der Vorkoster eines Reformhauses, mit zwei, drei Tellern Müsli mit Sojamilch. »Da würde es mir die Därme zerreißen«, meint der Naturbursche Bölts angewidert. Auf jeder Etappe durch Frankreich verbraucht ein Teilnehmer bis zu 12 000 Kalorien, das entspricht dem Energiewert von vier Kilo Brot. Weshalb sie sich abends die Mägen voll stopfen, als seien sie masochistische Mastgänse. Vorzugsweise mit Nudeln, schon nach einer Woche können viele die Pasta nicht mehr sehen. Aber es hilft ja nichts. Sie brauchen Kalorien.

Jan Ullrich regeneriere nicht nur wundersam nach enormen Anstrengungen – auf diese Sprachregelung einigt sich das Team Telekom in all den Jahren, in denen seinem besten Mann die Symptome der Unbelehrbarkeit nachzuweisen sind –, der Held des Sommers setze nicht minder phänomenal gehaltreiche Leckereien in wärmenden Winterspeck um. An Einsicht glauben sie wohl eher nicht, jedenfalls stellt man dem Wonneproppen später einen Diätkoch zur Seite. Allein, es hilft alles nichts.

Mit Peter Becker braucht man über dieses Thema nicht lange zu reden, bis er auf den Kern des Problems zu sprechen kommt. »Der Ulli«, sagt er finster, habe nach dem großen Erfolg damit begonnen, nicht mehr das abgesprochene Pensum abzuspulen. »Er hat nicht richtig gearbeitet, ist bequem geworden, hat sich dann überlastet – und ist krank geworden.« Ein Teufelskreis. Noch Jahre später ist Peter Becker richtig verärgert über sein schludriges Premiumtalent.

Die Eindrücke des Privattrainers bestätigt Udo Bölts, ohne sich dabei des Hofverrats schuldig zu machen. Für jeden ist zu jener Zeit sichtbar, was er hier erzählt: Müde und lustlos habe er den Gefährten erlebt, »im Trainingslager war er längst nicht mehr so verbissen wie früher«. Doch richtig böse habe ihm niemand sein können, ergänzt er, »weil er trotz des Erfolgs normal und bescheiden geblieben ist. Und seine Schwächen haben mir den Menschen Jan Ullrich sympathisch gemacht – denn von diesen asketischen Robotern gibt es genug.«

Zügellos durch den Winter

Die Form des Sommers werde im Winter gemacht, heißt es bei den Radprofis, weshalb sie früh im Jahr mit ihrem Training beginnen. Gut und gerne 30 000 Trainingskilometer strampeln sie pro Jahr zusammen und reisen deshalb zu Jahresbeginn in den Süden. Nach Mallorca, Südafrika oder auf die Kanaren, wo sich ihnen einsame Trainingsstrecken und erträgliche Temperaturen bieten. Jan Ullrich fährt da gerne mit, er liebt gutes Wetter und verachtet Schnee und Regen. Doch während sich die Kollegen für die Frühjahrsklassiker wie den Weltcupauftakt *Mailand – San Remo* oder die schweren Eintagesrennen in Holland und Belgien in Form bringen, befindet er sich in diesen Wochen auf einer Abmagerungskur coram publico. Mit bescheidenem Erfolg, wie sich nicht nur Jens Heppner erinnert: »Alle haben gemerkt, dass er eine unheimlich schlechte Form hatte, er konnte ja kaum ein Training mitfahren.«

Aus dem zweiten Trainingslager auf Mallorca reist Ullrich mit Fieber und Hustenanfällen ab, ein erster Hinweis für die auch in Zukunft häufiger zu beobachtende Empfänglichkeit dieses Leistungssportlers für Grippe- und Erkältungsviren. Er mutet seinem Immunsystem offenbar ein wenig viel der Extreme zu. Er weiß das inzwischen auch: »Zügellos zu sein im Winter gehörte für mich dazu, ich machte mir überhaupt keinen Kopf darüber, und nach einem Schnitt habe ich dann wieder 100 Prozent gegeben, aber dann laugt der Körper aus, weil er gar nicht bereit dafür ist – und deshalb wurde ich auch öfters krank«. So sieht er das heute.

Die ersten Wettbewerbe, an denen Ullrich im Frühjahr 1998 teilnimmt, dienen seinen Beobachtern deshalb als launiges Wettspiel: Wann steigt er diesmal japsend vom Velo? Auf Mallorca ist es die vierte Etappe, beim italienischen Etappenrennen Tirreno – Adriatico sagt der Gaststar noch am ersten Abend *ciao*, und die Baskenland-Rundfahrt erlebt Ullrich nach Abschnitt drei nur noch als Beobachter aus der Ferne. Seine ersten Zielankünfte nehmen der Radsport-Nation kaum ihre Sorgen: Bei der Valencia-Rundfahrt belegt er mit einer halben Stunde Rückstand Rang 97, bei der Katalanischen Woche mit 50 Minuten Abstand auf den Sieger Position 134. Letzter. Es beginnt die Blütezeit von »Krisen-Peter.«

Seinen Spitznamen wird sich Peter Becker in den kommenden Jahren hart erarbeiten. Die Prozedur ist zumeist dieselbe: Ullrich alarmiert ihn spätestens im Mai und klagt am Telefon leise über Motivationsprobleme und Formschwäche. Im Training fahren ihm zu dieser Zeit die Kollegen meist spielend davon, und auch sein zunehmend zum engen persönlichen Betreuer aufsteigender Begleiter Rudy Pevenage vermag mit seiner Politik der längeren Leine den lethargischen Sturkopf nicht vor sich selbst zu beschützen. Im Gegenteil, zwischen dem Belgier und Becker kommt es inzwischen »teilweise zu Komplikationen«, wie Jan Ullrich es diplomatisch ausdrückt. Es geht wohl um Kompetenzen.

Doch wenn ihm die Zeit bis zur Tour dahinrinnt, hilft zunächst nur Beckers harte Hand. Der reist dann an und bringt die stotternde Konditionsmaschine mit einer verschärfter Inspektion wieder in Gang. Der Erfolg stellt sich meist nach wenigen Trainingstagen ein. »Wie dat nach vorne geht«, ruft er ihm dann von hinten aus dem Begleitfahrzeug zu. »Junge, jetzt fängst du an zu rollen, ick gloob, jetzt ham watt jeschafft!«

1998 funktioniert das Programm wie gewünscht. Bei den nationalen Meisterschaften in Rheinfelden verkündet Jan Ullrich dem johlenden Publikum, er fühle sich »sehr fit«. Diesmal überlässt er Erik Zabel großzügig den Vortritt und bescheidet sich mit Rang zwei. »Und zur Tour«, sagt Udo Bölts, »hat er uns dann wirklich überrascht.« Schlank und rank wie im Jahr zuvor hat Jan Ullrich seinen Ergometertest an der Freiburger Uniklinik absolviert. Er fühle sich so gut wie im Vorjahr, hinterlässt er vor der Abreise nach Dublin, dem Startort der 85. Tour de France.

Le Grand Départ in Irland. Jan Ullrich ist beim Friseur gewesen. Zumindest sagt er das, Vertreter der Coiffeurinnung bezweifeln das. Denn Ullrich sieht aus wie ein junger Schläger aus einem englischen Fußballstadion: die Schläfen und den Nacken kahl rasiert. »Ich hoffe, dass es gutes Wetter gibt«, sagt der Favorit der britischen Wettbüros. Das Ranking der Buchmacher: Ullrich vor Virenque, Pantani, Riis und Olano. *L'Équipe* bietet für den Titelverteidiger erneut fünf Sterne auf, das Fest möge beginnen.

Es gerät zum Trauerspiel.

Seelöwe ohne Fell

Jan Ullrich verliert diese Tour, an nur einem Tag. An Marco Pantani, den Giro-Sieger aus Italien, den sie wegen seiner Segelohren *Elefantino* nennen, den kleinen Elefanten. Nach einer knappen Woche in Gelb und dem Sieg im Zeitfahren von Corrèze (wo ihm Präsident Jacques Chirac auf dem Podium gratuliert) erlebt der Deutsche am ersten Tag in den Alpen die bitterste Niederlage seiner Karriere. Er gibt das abends in Les Deux-Alpes umgehend zu, als er auf einer Couch lümmelt und entspannt wie selten Auskunft gibt über den Albtraum des vergangenen Arbeitstages. Als sei mit dem Gelben Trikot eine Last von seinen Schultern genommen worden. »Ich will nicht nach Erklärungen suchen«, sagt er aufgeräumt, »es ist halt passiert, es kam alles zusammen.«

Es passierte ihm auf der 15. Etappe: ein Hungerast, wie die Radsportler sagen, wenn der Tank leer ist, ganz plötzlich, unerwartet. Eine Art Unterzuckerung infolge unzureichender Ernährung – welche Ironie nach einem Frühling mit pausbäckigen Wangen. Ausgangspunkt ist Grenoble gewesen, schon dort begeht Jan Ullrich einen ersten Fehler: Er schneidet die Arme seiner gelben Regenjacke ab und modelt Nässeschutz zu einer knappen Weste um. Radrennfahrer mögen es nicht, viel Gepäck in ihrer Trikottasche transportieren zu müssen, doch ausgerechnet an diesem Tag an ein paar Kunststoffärmeln zu sparen sollte sich später als fatal erweisen. Denn über Nacht hatte in Hoch-Savoyen stürmischer Regen eingesetzt, und vom berüchtigten Col du Galibier (2645 m) meldete der Wetterdienst sechs Grad und schneidige Winde.

Dass sein Rivale Marco Pantani auf dem Gipfel der dreiwöchigen Rundfahrt angreifen würde, war jedem klar – das Hochgebirge war das Terrain des damals weltbesten Bergfahrers. Das hatte er bereits Tage zuvor bei seiner Alleinfahrt zum Plateau de Beille nachgewiesen. Zwei Kilometer vor der Passhöhe ging also Pantani aus dem Sattel und machte sich mit hochtourigem Tempo und Wackeltritt auf und davon – Ullrich reagierte nicht. Er konnte es nicht. »Da haben wir erst begriffen, was los ist«, erklärt Udo Bölts, dem aufgefallen war, dass sein Kapitän nichts zu essen dabei hatte, »doch Jan ist nie einer gewesen, der sich viel einsteckte«.

Fast drei Minuten Verspätung hat Jan Ullrich auf dem Galibier, und noch wartet eine zugige Abfahrt auf ihn und der mörderische Schlussanstieg zudem. Ullrich ist längst ausgekühlt und friert wie ein Seelöwe ohne Fell, sein Energiedepot ist aufgezehrt. »Ein Hammerschlag«, berichtet er später, »von jetzt auf gleich geht nichts mehr.« Oben hat er sich rasch noch seine Jacke angezogen, doch bei Tempo 80 wärmt sie ihn nicht mehr. Er leidet nun im kalten Regen und in den eisigen Winden, die ihm ins längst geschwollene Gesicht entgegenpeitschen. Unten angekommen, steigt Ullrich wacklig von seinem Rad, er hat einen Plattfuß. In ihm bricht jetzt Panik aus. Man sieht ihm das nur an, fluchen tut er nicht, »er hat keinen Ton von sich gegeben«, sagt Udo Bölts. Auf ihn und Bjarne Riis, beide zwischenzeitlich abgehängt, hat Jan Ullrich nach der Reparatur sogar gewartet, zu deprimiert und hilflos war er, als dass er die Fahrt hätte allein fortsetzen können.

Die Kilometer nach Les Deux-Alpes werden zur Triumphfahrt für Marco Pantani, denn weiter hinten büßt Ullrich mit jedem Tritt Sekunden ein. Immer wieder verliert er Bölts' Hinterrad. »In den Momenten habe auch ich aufgegeben«, räumt der Pfälzer ein, der gewöhnlich nie aufgibt. Mehr als neun Minuten holt Pantani heraus, bei der Ankunft ist Ullrich im Tableau auf Platz vier abgestürzt und zu keiner Stellungnahme mehr fähig. Teamarzt Lothar Heinrich lässt ihm im Hotel eine heiße Wanne ein, zwei Schüsseln Müsli verputzt Ullrich dabei, wortlos, fast apathisch. Später, als es ihm wieder besser geht, entschuldigt er sich bei seinen Kollegen: »Leute, es tut mir leid«.

Jan Ullrich hat 1998 in den Alpen die Tour verloren, nicht aber den Respekt Frankreichs. Denn einen Tag nach seinem dramatischen Einbruch kehrt er als Etappensieger in das Rennen zurück. Die beschwerliche Reise über den Col de la Madeleine hatten Ullrich und Pantani im Duett hinter sich gebracht, gemeinsam jagten sie bei Tempo 90 die Abfahrt hinunter, und auf der Hauptstraße von Albertville ringt der abgestürzte Favorit den Rivalen um Zentimeter nieder. Auch das letzte Einzelzeitfahren gewinnt er und belegt damit Platz zwei hinter Pantani, gut drei Minuten Vorsprung bringt der Italiener mit nach Paris. »Heute ist ein Moment der Freude«, sagt Ullrich bei der Ankunft. Dabei ist allen die Freude längst vergangen.

Druiden und Zaubertrank

Die Tour de France 1998 wird den Menschen nicht in Erinnerung bleiben, weil Jan Ullrich zum ersten Mal in seinem Leben zu wenig gegessen hat und seinem kleinen Drama in den Alpen anderntags einen der spektakulärsten Konter der Tour-Historie folgen ließ. Der Sport interessierte zu diesem Zeitpunkt längst nur noch verblendete Puristen.

Für viele endete die Veranstaltung bereits vor dem Prolog, als ein Erdbeben losbrach und Frankreichs berühmtes Sportfest für viele zur *Tour de Farce* geriet. Ein Betreuer des *Festina*-Rennstalls um Richard Virenque war auf der Anreise nach Dublin an der französisch-belgischen Grenzstation Neuville-en-Ferrain vom Zoll aufgehalten worden. Mehrere hundert Ampullen verbotener Substanzen entdeckten die Fahnder in seinem Tourgepäck, darunter das Blutdopingmittel Erythropoietin, kurz Epo. Eine mobile Apotheke und »eine kleine Bombe«, wie *L'Équipe* besorgt vermeldet.

Eine kleine Untertreibung, denn der Skandal weitet sich aus wie ein wucherndes Krebsgeschwür und legt dem bestürzten Publikum endgültig den Schluss nahe, bei der von ihm verherrlichten Veloszene müsse es sich um einen kriminellen Zirkel handeln, beherrscht von Zaubertränken, geheimnisvollen Masseuren und Druiden. Man hatte das ja immer schon geahnt, seitdem 1967 der englische Profi Tom Simpson auf dem Anstieg zum berüchtigten Teufelsberg

Mont Ventoux in der sengenden Hitze der Provence zunächst Schlangenlinien fuhr und danach kollabiert vom Rad sank. Er verstarb im Straßengraben, trotz aller Bemühungen der Helfer. In seiner Trikottasche fanden sich leere Amphetaminampullen. Simpson war abgefüllt mit verbotenen Substanzen – ein fataler Zaubertrank.

Simpsons Tod sorgt dafür, dass ab 1968 Kontrollen obligatorisch werden, doch die abschreckende Wirkung hält sich in Grenzen. Zu unbelehrbar scheint auch in all den Jahren danach die Kaste der Ausdauerathleten, von denen zu viele den Betrug als Kavaliersdelikt abtun und sich offenbar im ständigen Wettbewerb mit den Dopingfahndern sehen. Sie tricksen und betrügen wie ehedem der später geständige Dopingsünder Dietrich Thurau, der, so geht ein nie dementiertes Gerücht, angeblich sogar einmal statt seiner einen früheren Betreuer ins Teströhrchen pinkeln ließ. Auch die Medien nähern sich dem Thema eher verharmlosend. So beschäftigt die *ARD* den Altmeister Rudi Altig als »Tour-Experten«. Schon zu aktiven Zeiten war der unter dem Kampfnamen »die rollende Apotheke« unterwegs gewesen. In die Trickkiste griff auch der Spanier Pedro Delgado, dem 1988 in einer positiven Dopingprobe ein Rheumamittel nachgewiesen wurde, das die Einnahme von Anabolika kaschiert. Delgado trug damals das Gelbe Trikot – da das Mittel noch nicht auf der Dopingliste stand und erst nach der Tour verboten wurde, durfte er sich in Paris als Sieger feiern lassen.

Doch die Menschen vergessen das alles wohl sehr schnell, wenn sie ihre Helden vor dem Fernseher stundenlang leiden sehen, fasziniert von der übermenschlichen Leistung dieser Schwerarbeiter, die sich nun 1998 gegen den pauschalen Verdacht zur Wehr setzen. Der Berliner Philosoph und Sportsoziologe Gunter Gebauer hat dieses Phänomen einmal folgendermaßen erklärt: Es sei »wichtig, dass immer zumindest eine winzig kleine Möglichkeit da ist, man sei zu Unrecht verdächtig«, das lasse das Publikum Solidarität mit den Profis empfinden. Doch während der Pharmatour von 1998 können nicht einmal die Berichterstatter der *ARD* mit ihrer seltsamen Zurückhaltung zum Thema den Eindruck lindern, dass dieser Sport ein großes Problem hat. Denn dem anfänglichen Leugnen beim Team Festina folgt das Geständnis der Bosse: systematisches Doping bei der damals weltbesten Mannschaft.

Säckeweise transportieren die Gendarmen in den nächsten Tagen Beweismaterial ab, bei der niederländischen E-quipe *TVM* finden die von der französischen Justiz angehaltenen Ermittler ebenfalls verbotene Substanzen. Virenque und seine Männer sitzen bald nicht mehr im dunkelblauen Mannschaftswagen, sondern bitterlich weinend im Polizeiauto mit Blaulicht. Vorläufig festgenommen. Festina ist inzwischen von der Tour ausgeschlossen, andere Teams entziehen sich mit freiwilliger Abreise der zupackenden Hand des französischen Staates, der Doping als Verstoß gegen sein strenges Drogengesetz ahndet.

Das merklich ausgedünnte Peloton streikt zweimal wegen angeblich menschenunwürdiger Behandlung. Einmal tritt Frankreichs Liebling Laurent Jalabert als Streikführer auf, er möchte die Etappe nach Cap d'Agde abblasen lassen, aus Protest gegen das drastische Vorgehen der Ermittler. Das Feld setzt sich dann doch in Bewegung, und ausgerechnet Jalabert attackiert an diesem Tag und fährt zwischenzeitlich sogar in Gelb (»virtuell«, wie die Radrennfahrer sagen). Eine zweifelhafte Demonstration von Moral. Am zweiten Streiktag vermittelt Bjarne Riis zwischen dem zunehmend unwilligen Peloton und der Tourdirektion. Am späten Nachmittag rollt das passive Feld geschlossen in Aix-les-Bains ein. Doch der Streckenlautsprecher Daniel Mangeas kommentiert die Ankunft trotzdem gewohnt lautstark und lebendig, als wohne er tatsächlich einem spannenden Sprint um den Tagessieg bei. Der groteske Höhepunkt einer absurden Veranstaltung.

Jan Ullrich und sein Team Telekom reagieren einsilbig bis genervt auf die unangenehmen Fragen, die die rigiden Presseattachés der Werksportgruppe ab sofort liebevoll filtern. Er könne sich über das Gelbe Trikot gar nicht mehr freuen, klagt Ullrich, als er das *Maillot Jaune* noch besitzt, »weil von zehn Fragen neun über Doping sind«. Mit einigem Abstand zur Skandaltour lässt er sich verantwortungsbewusster vernehmen: Doping mache ihn wütend, diktiert er unter dem Eindruck der veröffentlichen Details und zahlreicher Geständnisse, »und wer positiv getestet ist oder zugegeben hat, dass er etwas genommen hat, gehört lange gesperrt«. Team Telekom sei sauber, versichert parallel die Truppe unverdrossen, doch dass damals als Fürsprecher ausgerechnet der Freiburger Mediziner Joseph Keul fungiert, tilgt die latenten Zweifel nicht unbedingt. Der frühere Olympiaarzt Keul wurde in Stasiunterlagen als Doping-Befürworter geführt und von einstigen Athleten vor Gericht schwer belastet.

Ersten vagen Verdächtigungen sah sich die deutsche Leitfigur schon nach ihrem Aufstieg zum Tourstar ausgesetzt. Generalanklage erhebt im Juni 1999 das Magazin *Der Spiegel*, es unterstellt Ullrichs Mannschaft systematisches Doping, veröffentlicht angebliche Medikationspläne und behauptet, bei dem Telekom-Star sei im August 1997 ein überhöhter Hämatokritwert ermittelt worden. Auch Bjarne Riis gerät ins Zwielicht. Das dänische Fernsehen hat Berichte über Recherchen gesendet, nach denen der Landsmann bei der Tour de France 1995 mit einem Hämatokritwert von mehr als 56 Prozent unterwegs gewesen sein soll; der Wert gibt an, wie dickflüssig das Blut ist, zulässig ist ein Wert von maximal 50. Alles darüber legt den nie nachgewiesenen Verdacht von Epo-Doping nahe. Fortan firmiert Riis nicht mehr durchgängig als *Adler von Herning*, sondern auch als *Mister 56 Prozent*.

Unangenehm sind für Team Telekom auch die Fragen nach einem früheren Masseur, der bei der Skandaltour 1998 – in Diensten eines anderen Arbeitgebers – für einige Tage in Untersuchungshaft gelandet war und nur auf Kaution freikam. Gegen den Belgier werden Verdächtigungen laut, er sei 1995 in Zusammenhang mit verbotenen Mitteln zu bringen gewesen. Ein Telekom-Sprecher muss zumindest einräumen, dass der ehemalige Mitarbeiter trotz seiner Verhaftung in Frankreich nicht über sein damaliges Wirken im eigenen Team befragt worden sei. Man wehrt sich mit dem Vorwurf der »Hexenjagd«, erregt sich über die »Umkehr der Beweislast« und verbittet sich ansonsten eine möglicherweise erhellende Einsicht in die Testergebnisse mit dem Hinweis auf »grundlegende Rechte der Sportler als Patienten«. Das allgemeine Unbehagen vertreiben diese Äußerungen nicht.

Jan Ullrich tritt den Spekulationen um seine Person entgegen, via *Bild*. »Ich habe nicht gedopt, dope nicht und werde nicht dopen, ich bin sauber«, lässt er dort abdrucken. Und sollte er spüren, die Strapazen seines Sports nur mit verbotenen Beschleunigern ertragen zu können, »dann höre ich sofort auf«.

Die Auseinandersetzung beenden schließlich die Gerichte. Manager Strohband hat einen Hamburger Prominentenanwalt mit der Causa Ullrich betraut. Die Richter erlassen eine Einstweilige Verfügung gegen den *Spiegel* und lehnen die Klage des Nachrichtenmagazins gegen eine Gegendarstellung zu den Verdächtigungen ab. Vor dem Weltcuprennen in Hamburg im August besorgen sich die PR-Strategen der Mannschaft im nahen Druckhaus eine Frühausgabe des Magazins und durchblättern es in freudiger Erwartung der abgedruckten Einlassung. Doch die Genugtuung hält sich in Grenzen. Die von Telekom erzwungene Gegendarstellung ist nämlich eingerahmt von einer Aufmachergeschichte über den ersten Dopingfall beim deutschen Vorzeigerennstall: Christian Henn ist bei einer Trainingskontrolle im Mai mit einem deutlich überhöhten Testosteronwert erwischt worden. Er erklärt den Vorfall mit dem Wunsch nach Nachwuchs, ohne Rücksprache mit dem Teamarzt habe er mittels eines Präparates seine Zeugungskraft erhöhen wollen. Als ein erwartungsfroh blätternder Telekom-Sprecher vor dem Aufzug des Teamhotels den *Spiegel*-Artikel nebst Gegendarstellung entdeckt, schluckt er und murmelt: »So ist das ja doof.« Die vermeintlich porentief reine Weste in Magenta ist erstmals besudelt.

Das Reizthema Doping wird Jan Ullrich so rasch nicht mehr los, zu verlässlich gehen den Fahndern tatsächliche Sünder ins Netz. Beim Giro d'Italia 2001, nach einer groß angelegten Razzia der italienischen Carabinieri, unter dem geheimen Arbeitstitel »Das vierblättrige Kleeblatt«, steht zunächst auch Ullrichs Name auf der schwarzen Liste mit 64 verdächtigten Profis. Bei der spektakulären Untersuchung von San Remo wird der Gesamtzweite Dario Frigo mit verbotenen Produkten erwischt, darunter Mittel aus der Krebsforschung, die nicht einmal die Prüfphase durchschritten hatten. Der Italiener wird flugs aus der Giro-Wertung gestrichen. Bei Ullrich finden die Ermittler Asthmasprays mit unerlaubten Substanzen, bei seinem italienischen Teamkollegen Alberto Elli Wachstumshormone und bei Lothar Heinrich Koffeintabletten, Letztere nach Angaben des Teamarztes zum »Eigengebrauch«. Jan Ullrich kann nachweisen, dass ihm die Inhalation der Mittel als Medikament gegen sein Pollenasthma seit Jahren gestattet ist. Nicht jedem ist zwar sein Leiden bekannt gewesen, doch seine Mutter versichert, ihr Jan habe schon früher »an allergischen Erkältungen gelitten und ist im Frühjahr immer vor den Pollen geflüchtet«.

Das Verfahren in Italien gegen Ullrich wird eingestellt.

Dennoch fährt seit dem traurigen Sommer in Frankreich endgültig bei allen der Verdacht mit. Auch Ullrich kann den unsichtbaren Begleiter nicht mehr abschütteln. Jan Ullrich gewöhnt sich widerwillig an das zweifelhafte Image seines Sports, der leider weiterhin verseucht ist von Unverbesserlichen. Er selbst ist ja in der DDR als Sportler aufgewachsen, wo nachweislich der *Staatsplan 14.25* umgesetzt wurde, der die flächendeckende Applikation von Dopingpräparaten angeordnet hatte. Jan Ullrich hat davon gehört und äußert sich hierzu folgendermaßen: Er habe sehr wohl darüber nachgedacht, ob auch sie ihm damals Pillen gegeben haben könnten, von deren Inhalt er nichts wusste. Doch er könne sich in diesem Zusammenhang »an eigentlich gar nichts erinnern, nicht mal an Vitaminpillen, wir waren wohl doch bedeutend zu jung, um diese Stasisachen mitzubekommen, das mit der Medizin«. Und im Nachhinein, meint er, »ist das ein großes Glück«.

Dass ihm 1998 ein vermutlich von der Pharmaindustrie hoch gezüchteter Marco Pantani (der Italiener wurde mehrfach aus dem Verkehr gezogen und hat sich inzwischen in die Hände von Seelenheilern begeben) seinen zweiten Sieg in Frankreich vorenthalten hat und dass sein ewiger Rivale Richard Virenque nach zwei Jahren des tränenreichen Lügens und verbitterten Leugnens des Epo-Dopings doch sein Schweigen brach – Ullrichs Wut fällt in solchen flüchtigen Momenten der Reflexion moderat aus. »Der moralische Sieger bin ich«, sagt er dann, »aber ich kann die Zeit nicht zurückdrehen, ich bleibe Zweiter.« Leider gebe es immer noch »schwarze Schafe«, deshalb sei er bereit, alle Kontrollen über sich ergehen zu lassen. Einmal haben sie ihn ja selber dabei erwischt, »ein sagenhaft harter Fehler«, wie er inzwischen weiß, doch darüber wird später zu reden sein.

Winterdepression

Als sich Jan Ullrich im Juni 1999 den Fragen zu den Spekulationen des *Spiegel* stellen muss oder auch dem Sinn der Handzentrifugen, mit denen die Telekom-Profis den Hämatokritwert ihres Blutes selber checken können, hat er bereits einen schweren Weg hinter sich gebracht. Denn eigentlich wäre er ja jetzt längst nicht mehr dabei – er hatte doch aufhören wollen mit Rad fahren.

Rudy Pevenage wird den Tag so schnell nicht vergessen, als er den Anruf aus Merdingen erhielt, an einem Sonntag Anfang April. »Du Rudy«, sagte Jan Ullrich durch den Hörer, »ich höre auf.« – »Wie aufhören, womit?« – »Na, ich fahre nicht mehr.«

Jan Ullrich hat erneut ein Frühjahr erlebt, das ihn weiteres Ansehen kostete und seinen fragilen Hochleistungskörper das Gleichgewicht. Im Winter hatte er *gelebt*, er war mit Gaby im Urlaub in Mexiko und auf dem Rückweg ein paar Tage in New York; er war Ski fahren und merkte nebenbei wohl auch, »dass man Spaß haben kann ohne Rad fahren, und dass er sich im Prinzip alles leisten kann«, wie sein Freund Jens Heppner glaubt. Im März veröffentlicht der *Stern* eine Fotostrecke mit ihm, dort ist Jan Ullrich in schlichten Designerklamotten zu sehen. Das Shooting stieg in London, er mag diese Stadt, denn niemand hat ihn dort erkannt und von der Seite wegen eines Autogramms angequatscht oder wegen seines Hüftspecks. Er wolle »mehr sein als nur Radfahrer«, konstatiert Ullrich.

Solche Ausflüge sind es wohl, die ihm seinen Trainingsehrgeiz nehmen und ihn immer häufiger abbringen von der Rennstrecke, auf der nur Leiden und der Kampf gegen sich selbst zählen.

Man sieht die Qualen, die er durchlebt, gewöhnlich in Jan Ullrichs Gesicht. Auch wenn er nicht Rad fährt – seine Unterlippe ist dann trotzdem geschwollen von den unzähligen Stunden im Sattel. Viele Radrennfahrer haben geschwollene Unterlippen, sie beißen darauf wegen der großen Schmerzen in den Beinen; eine Art Ablenkungsmanöver, sie sind in diesen Momenten im wahrsten Sinne des Wortes verbissen. Der amerikanische Profi Tyler Hamilton hat sogar einmal beim Giro d'Italia trotz eines gebrochenen Schlüsselbeins zwei Wochen durchgehalten und eine Etappe gewonnen (bei der Tour 2003 ebenfalls mit einem Haarriss des Schlüsselbeins); er biss sich zwar nicht auf die Unterlippe, die Schmerzen trieben ihn vielmehr dazu, immerzu auf die Zähne zu beißen, im Wortsinne. Sein Dentist musste ihm hinterher sieben Zähne richten, so sehr hatte er die Kiefer im Rennen aneinander gerieben.

Wenn Jan Ullrich im Training oder bei der Tour Berge anfährt, die man sich als Steilrampen vorstellen kann, dann habe er »zwar keine Angst«, erzählt er, »aber das kostet eine brutale Überwindung, das ist einfach nur Schmerz, du musst diesen verdammten Schweinehund überwinden, jeden Tag«. Und wenn das während der Anstrengung produzierte Laktat – die Milchsäure – seine Oberschenkel zu blockieren droht, sagt er sich oft: »Okay, eine Minute halte ich das aus, und dann fall ich um‹ – aber meistens fährst du dann trotzdem noch eine halbe Stunde mit diesen Schmerzen.« Einen Masochisten möchte er sich nicht nennen, der

Ausdruck gefällt ihm nicht, »aber das, was wir machen, gehört sicher zum Härtesten im Sport«.

Im Frühjahr 1999 hat Jan Ullrich – der »Wegstecker«, den sein Trainer einst in ihm ausmachte – einstweilen genug davon. Trotz aller Versprechungen hielt er sich im Winter wieder nur wenig an die Kalorientabelle für Berufssportler, und bereits zum Saisonbeginn rebellierte das Immunsystem gegen die Trainingsbelastung: Wie im Jahr zuvor verlässt Ullrich vorzeitig das Trainingsrevier auf Mallorca, diesmal wegen einer starken Bronchitis. Später stoppt ihn ein entzündeter Zahn am Wiederaufbau. Auch bei der Portugal-Rundfahrt fehlt er, ebenso bei der Katalanischen Woche. Nur der Abschirmdienst des Team Telekom leistet ganze Arbeit. »Jan liegt in seinen Vorbereitungen voll im Plan, ist zehn Kilo leichter und hat mehr Trainingskilometer in den Beinen als im Vorjahr«, lässt die Kommunikationsabteilung noch im Februar verbreiten. Ansichtssache.

In den folgenden Wochen änderte sich nichts an seinem Zustand: Jan Ullrich fehlte die Motivation. Und wenn er sich einmal aufs Rad setzen will, vergehen kleine Ewigkeiten, bis er umgezogen ist. Er geht seiner Arbeit nur widerwillig nach. Sein Hobby, seine Leidenschaft, sie ist jetzt ein nervender Job. »Diese wahnsinnigen Trainingskilometer, diese Schmerzen«, sagt er heute, »das hat mir alles keinen Spaß mehr gemacht«, und dass sich neuerdings sein Körper sträubte gegen den mutwilligen Raubbau seines Pächters, setzte ihm zusätzlich zu: »Das alles ging plötzlich nicht mehr mit der Leichtigkeit von früher, dass ich innerhalb von zwei, drei Wochen fit wurde – jetzt brauchte ich zwei Monate.« Es dauerte ihm zu lange. Jan Ullrich sagt: »Das war eine Phase, in der ich das bitter ernst meinte. Ich hatte keine Lust mehr.«

Er höre auf, kündigt Ullrich also im April Pevenage an, der dank seiner Bierruhe doch nicht den Hörer fallen lässt und sogleich seine Gedanken sammelt. Ihm ruhig zuredet und zum Krisengipfel bittet. »Wir haben ihm erst mal Moral gegeben«, beschreibt der Belgier knapp das ausführliche Gespräch in Brüssel, dem auch Walter Godefroot beiwohnt. Der Teamleiter sagt: »Ich habe mit ihm so geredet wie mit meinen Söhnen.«

Peter Becker hat solche Gespräche in dieser Zeit ebenfalls mehrfach geführt. »Der hatte die Schnauze voll«, erinnert er sich und redet sich wunderbar in Rage. »Der Ulli war faul, ganz einfach faul«, schreit er nun seinem Gegenüber zu, »und dann hat er nicht mehr rausgefunden: ›Trainer, ich fahr nicht mehr, ich hab keinen Bock mehr.‹« Einmal habe er ihn dann gebeten, doch bitte zum Training aufzusitzen, und vermutlich ist Peter Becker dann viel einfühlsamer gewesen, als man ihn einschätzt. »Du Ulli«, sagte er ihm, »um die 180 Kilometer heute kämpfst du, und danach setzen wir uns im Hotelzimmer hin und reden über alles – und wenn du den Argumenten nicht mehr zugänglich bist, dann kannste aufhören, dann ist die Sache auch für mich erledigt, dann fahr ich heim.« Darf man Becker glauben, sind sie rausgefahren, danach essen und spazieren gegangen, ehe der Wankelmütige einsah: »Tja, dann muss ich mich wohl mal wieder durchkämpfen.«

Und Becker: »Ja Ulli, dat musste wohl.«

Im April 1999 indes ist die Situation offenbar ernster. »Wenn ein stabiler Typ wie Jan vom Rücktritt spricht, dann ist das nicht nur so dahergeredet«, urteilt sein Manager und attestiert Ullrich »eine psychische Krise«. Womit der Laie Wolfgang Strohband in etwa auf einer Welle liegt mit den Fachkräften des Team Telekom – sie organisieren für ihren labilen Champion einen Termin beim Psychologen. Autosuggestion, mentales Training. »Der Antrieb kam von ihm«, sagt Teamarzt Lothar Heinrich, während Jan Ullrich eher

Jung und ehrgeizig: Jan Ullrich als 17-jähriger.

Zwei Freunde im Vierer: Jan Ullrich (2. von rechts) und André Korff (links daneben) im Team der SG Dynamo Rostock von 1986.

Rechts: Jan Ullrich bei einem Juniorenrennen 1991.

Links: Erstes Gold mit elf: Jan Ullrich als Sieger bei der Kreisspartakiade 1984 in Rostock.

Unten: Freihändig zu Gold: Jan Ullrich bei seinem Weltmeisterschaftssprint 1993 in Oslo.

Links: Als Nobody auf Platz zwei: Jan Ullrich neben Bjarne Riis (Mitte) und Richard Virenque auf dem Tour-Podium 1996.

Rechts: Familienzusammenführung in Colmar: Mutter Marianne Kaatz mit ihrem Sohn.

Unten links: Udo Bölts (vorne) quält sich bei der Tour 1997, Jan Ullrich und Bjarne Riis folgen dem Edelhelfer.

Unten: Publikumsmagnet mit Kappe: Jan Ullrich beim Empfang Ende Juli 1996 im Bonner Rathaus.

Rechts: In Gelb durch die Alpen: Tour-Leader Jan Ullrich.

Oben: Jan Ullrich gegen Marco Pantani, das Duell der Tour 1998.

Rechts: Dem Sturz bei der Deutschland Tour 1999 folgt die Tour-Absage.

Linke Seite:
Mit 23 auf dem Gipfel: Jan Ullrich 1997 in Paris (im Foto unten, links sein Zimmerkollege Jens Heppner).

Triumphfahrt nach Andorra: Jan Ullrich fährt ins Gelbe Trikot.

das Gegenteil angibt: »Man wollte das – *ich* wollte nie mit einem Psychologen arbeiten.« Wenn er darüber spricht, sieht man ein Unbehagen in seinem Gesicht, das ihn wohl auch damals beschlichen hat. Vielleicht hat er gedacht, sie hielten ihn für krank, weshalb der erste Termin zunächst auch der letzte blieb. Er kam sich dort überflüssig vor, »ich habe ein Gespräch geführt, aber das hat mich nicht weitergebracht«. Heute meint er: »Ich bin selber mein bester Psychologe.« Man muss nur fest dran glauben.

Im Frühling 1999 führt die von seiner Umgebung kritisch verfolgte Selbsttherapie wenigstens dazu, den Betrieb wieder aufzunehmen. Und alle haben ihm vorsichtig dazu geraten. Ohne Druck, wie Wolfgang Strohband betont, »wir haben ihn nicht überredet, sondern überzeugt, Jan ist schließlich ein mündiger Bürger.« Ullrich sammelt also ab Ende April endlich wieder Kilometer und bringt sich für die Deutschland Tour im Mai halbwegs in Schuss, er möchte das Heimspiel gewinnen. Den Gesamtsieg indes holt sich Jens Heppner, dessen Zimmerkumpel beendet sie nicht mal. Am guten Willen hat es diesmal nicht gelegen – Jan Ullrich ist gestürzt. Er touchierte auf der dritten Etappe zwischen Goslar und Bielefeld das Hinterrad eines Mannschaftskollegen, sein Kopf prallte auf den Asphalt. Ullrich trug keinen Helm. Gehirnerschütterung, Platzwunde, das Rennen ist für ihn beendet.

Während die Kopfblessur rasch wieder abklingt, behindert ihn die am rechten Knie erlittene Verletzung dauerhaft. Diagnose: Meniskusschaden inklusive Einblutung des Gelenks. Die Folgen der Verletzung führen auch bei der Tour de Suisse zur vorzeitigen Aufgabe. Nach einer Untersuchung in der Freiburger Uniklinik beendet Jan Ullrich das zähe Ratespiel der vorangegangenen Wochen live: Zwei Wochen vor dem Start der Tour de France lässt er sich vom Fernsehen in die deutschen Wohnzimmer schalten, sein Statement geht ihm wie stets eher umständlich über die Lippen. Er sagt: »Es tut mir sehr leid, die Absage geben zu müssen, dass ich in diesem Jahr nicht bei der Tour starten werde.« Kein Start in Frankreich, dazu der Ärger mit dem *Spiegel*, Teamchef Walter Godefroot ist richtig bedient. »Das ist ein Schock«, lautet seine erste Reaktion, »so viel Pech kann keiner haben.«

Wieder setzen sie sich mit ihrem Sorgenkind zusammen. »Machst du jetzt das Jahr ganz frei und erholst dich, oder versuchst du die Vuelta und die WM?«, hört er Godefroot fragen. Jan Ullrich schüttelt den Kopf, keine Spanien-Rundfahrt und auch keine WM, antwortet er. Sondern Urlaub. Ullrich verabschiedet sich in die Ferien nach Österreich.

Die Tour de France läuft (übrigens mit Virenque, dessen Ausladung der Weltverband wegen eines Formfehlers aufhebt), am Ende gewinnt sie ein damals noch nicht jedem bekannter Fahrer namens Lance Armstrong. Jan Ullrich schaut sich das Rennen öfters im Fernsehen an. Seine Kameraden in Frankreich hören manchmal von ihm, allerdings über andere. »Der trainiert nicht, der ist schon wieder dicker geworden«, erfährt Udo Bölts von Informanten. Doch die Bilder von der Tour beleben Ullrichs Ehrgeiz allmählich wieder. Er bittet Peter Becker zu sich nach Merdingen. Ein anderer, der ihm gut zuredet in dieser Zeit, ist Jens Heppner. Er fehlt selbst bei der Tour, wegen eines Schlüsselbeinbruchs. »Fahr doch erst mal weiter«, rät er ihm, »und wenn du wieder mithalten kannst, dann geht doch alles ganz schnell bei dir!« Auch seinem Freund Bjarne Riis wendet sich Ullrich zu, er besucht ihn in dessen Zweitwohnsitz in der Toskana. Einige Abende sitzen sie zusammen bei einem Glas Wein und erzählen von den alten Zeiten und Ullrichs Perspektiven. Er verehrt Riis immer noch, schon zu gemeinsamen Zeiten bewunderte er dessen weltmännisches Auftreten, seine Lebenserfahrung. Und die Rivalität der beiden, das beteuert Jan Ullrich auch mit dem Abstand einiger Jahre, habe er selbst nie als solche empfunden. Riis rät ihm damals unbedingt zum Weitermachen und empfiehlt die Toskana als Trainingsrevier. »Bjarne wusste damals schon, was für mich gut war«, sagt Jan Ullrich, »aber das habe ich erst später erkannt.«

Ein goldener Herbst

Italien, Anfang Oktober 1999. Genauer gesagt: Treviso. Über dem historischen Rathaus steht die wärmende Herbstsonne, und weiter unten steigt manchem die Hitze in den Schädel. Den Nachmittag über hatten die Carabinieri in ihrer eleganten blauen Dienstkleidung und mit eisigem Blick ein Furcht erregendes Spalier gebildet und die ersten Ankömmlinge des WM-Zeitfahrens wirklich vorbildlich abgeschirmt. Doch jetzt versagen sie ganz fürchterlich. Der neue Weltmeister ist unter dem Jubel der Zuschauer angekommen, er löst einen Tumult aus. »Primo: Janä Ullricke, Germania«, verkündet der Streckensprecher (es ist nicht Daniel Mangeas), und die amtliche Verlautbarung ist das Signal zur hitzigen Schlacht auf der Piazza del Duomo. Deutschlands Radheros umzingelt eine knappe Hundertschaft, die Positionskämpfe der Leute mit den Objektiven, Kameras oder Dienstmützen werden mit Fußtritten und Faustschlägen ausgetragen. Auch Jan Ullrich schubst und boxt, er hat nun Platzangst und droht außerdem zu stürzen. »Als ich dann erfahren habe, dass ich gewonnen habe«, wird er einige Stunden später berichten, »da war das alles auf einmal total vergessen.«

Vergessen ist tatsächlich einiges, als Peter Becker vor der Siegerehrung ein winziges Tränchen verdrückt und leise etwas von »unglaublich« nuschelt. Alle hätten doch seinen Jungen abgeschrieben gehabt, hebt er dann lebhaft an, »und jetzt schauen Sie doch, was der Jan daraus gemacht hat«. Jan Ullrich zeigt es allen kurz darauf bei der Pressekonferenz im Börsensaal der Handelskammer zu Treviso: Gold glänzt auf seiner Brust, schon wieder Gold.

Jan Ullrich hat die Weltmeisterschaft im Einzelzeitfahren gewonnen, sein erster WM-Titel als Profi – und der Schlusspunkt einer beispiellosen Wiederkehr. Schon einen Monat zuvor ist er auf dem Paseo de la Castellana von Madrid als Sieger angekommen, im Goldenen Trikot, als Gewinner der dreiwöchigen *Vuelta a España*. »Dass ich noch einmal so einen Herbst fahren würde, hätte ich nie gedacht«, sagt Ullrich in Treviso, und ein wenig ist er selbst von sich ergriffen. Niemand hatte ihm das zugetraut, auch nicht er selbst. Teamchef Godefroot spricht fortan von einem »kleinen Wunder – was andere in einem halben Jahr nicht packen, hat er in gut sechs Wochen geschafft«.

Was für ein Kontrast zu den schweren Tagen im August, als sich Jan Ullrich nach seinem Tourverzicht wieder im Feld zurückgemeldet hatte. Beim Weltcuprennen *Clásica San Sebastián* im Baskenland beendete er erstmals seit einer Ewigkeit wieder ein Rennen, Rang 90 mit mehr als 50 Minuten Rückstand. Nach einem Wendepunkt sah das damals eher nicht aus. Wie er den lange Vermissten dort bei der Einschreibung einsam im Schatten habe sitzen sehen, das erzählt am Rande der Feierlichkeiten von Treviso der Berliner Profi Jens Voigt. »Da hatte ich den Eindruck, Jan hat keine Lust mehr auf Radsport – da dachte ich wirklich, das gibt nix mehr«.

Nur einen Monat später verblüffte derselbe Jan Ullrich nicht nur Voigt, als er im September mit der 54. Runde durch Spanien, die Vuelta, die zweite große Rundfahrt seiner Karriere gewann – dem schlechten Sommer war ein goldener Herbst gefolgt. Der Sponsor ist damals so verzückt gewesen, dass er ganzseitige Anzeigen in allen großen Tageszeitungen schaltete mit dem Slogan: »Viva España. Viva Jan Ullrich.« Wie das genau kam, das weiß er heute selbst nicht mehr, »eigentlich wollte ich dort nach ein paar Tagen wieder aufhören«. Vielleicht eine Medaille bei der Weltmeisterschaft in Italien, das hatte ihm vorgeschwebt.

Doch bereits beim Vuelta-Start in Murcia hatten die Spanier entsetzt auf die schlanken Beine des Deutschen geschaut. »Wo sind denn seine Pfunde?«, raunte etwa der Once-Fahrer Marcos Serrano irritiert einem Journalisten zu. Jan Ullrich, angereist als Nummer 311 der Weltrangliste, sagte zur Begrüßung nur: »Ich kann hier nicht gewinnen.« Zwei Wochen später hatten sich jedoch die Befürchtungen der Iberer endgültig bewahrheitet, dass der vergessene Star ihnen bei ihrer geliebten Vuelta vor eigenem Publikum womöglich die Schau stehlen würde. Mit seinem Etappensieg auf dem fünften Abschnitt nach Ciudad Rodrigo deutete Ullrich seinen daheim im Schwarzwald erarbeiteten Formaufschwung an. Es war sein erster Erfolg seit exakt einem Jahr – damals gewann er den vergleichsweise unbedeutenden Wettbewerb durch die Nürnberger Altstadt.

Das *Jersey oro* des Gesamtbesten bei der Vuelta streifte er schließlich an einem ihm gut bekannten Ort über: in Andorra-Arcalis. Dort, wo er am 15. Juli 1997 das Trikot des Deutschen Meisters gegen das *Maillot Jaune* eingetauscht hatte. »Überrascht« sei er, äußerte er sich nach der Zeremonie an symbolträchtiger Stelle, und er war es wirklich, wie alle. Er wolle jetzt versuchen, möglichst lange das Trikot zu behalten, ergänzte er noch und klang dabei, als sei ihm die Sache unangenehm.

Doch Ullrich entdeckte auf den 3600 Kilometern über die Halbinsel endlich seine Freude am Radsport wieder, und wahrscheinlich haben ihm auch die Umstände ein wenig dabei geholfen. Kaum jemand hat ihm dort heikle Fragen gestellt, denn die deutschen Journalisten saßen fast ausnahmslos zu Hause – bass erstaunt vor dem Fernseher. Die Spanier hielt die Sprachbarriere auf Distanz, und so konnte Ullrich etwa am Ruhetag unter dem Foyerdach seines Hotels unbedrängt auf der Rolle treten, neugierig beobachtet nur von einigen Kindern. Von ihm erwartete hier niemand etwas, was sich auch an der nicht sonderlich ambitionierten Besetzung der Telekom-Mannschaft ablesen ließ; ihr gehörten zwei seiner Spezis an, sein Hamburger WG-Genosse Ralf Grabsch und der Merdinger Vermittler seiner Lebensgefährtin, Dirk Baldinger. »Das war ein Traum«, so Ullrich schwärmerisch, »ich konnte ohne Druck fahren, fast wie 1996.« Überdies fielen reihenweise namhafte Gegenspieler aus, als Letzter sein bis dahin schärfster Rivale, der Favorit und Titelverteidiger Abraham Olano. Der Spanier hatte sich, wie er erst spät offenbarte, durch die Pyrenäen mit angeknackster Rippe geschleppt.

Trotzdem verblieb Ullrich reichlich Konkurrenz auf der schwersten Spanien-Rundfahrt seit Jahren mit fünf Bergankünften inklusive aberwitziger Steigungen von bisweilen 22 Prozent, drei davon an aufeinander folgenden Tagen. Wie Anfang der 90er Jahre Miguel Induraín beim Giro d'Italia gegen die italienische Squadra kontrollierte Ullrich die spanische Armada in deren Revier mit kühlem Herz und einer Verfassung, die sich von Tag zu Tag ihrem Höhepunkt näherte. Nur einmal gerät er noch gefährlich aus der Balance – als er nach der verregneten Etappe von Barcelona fast vom glitschigen Podium stürzt.

Beim abschließenden Zeitfahren hängte Ullrich seinen einzig verbliebenen Widersacher Igor Gonzalez de Galdeano um mehr als dreieinhalb Minuten ab; schon nach 15 der

46,5 Kilometer war er rechts am zwei Minuten vor ihm gestarteten Basken vorbeigerauscht und hatte ihn demoralisiert wie einst Virenque. Dem Unterlegenen blieb nur ein Diener. »Ullrich ist eben Ullrich«, philosophierte de Galdeano, »das darf man nicht vergessen.«

Nun also die Krönung in Italien. Im schönen Veneto feiert *il kaiser*, zu dem ihn die *Gazzetta dello Sport* nach seiner beeindruckenden Darbietung im Zeitfahren adelt, das Finale seiner wundersamen Auferstehung mit der Stippvisite eines Festes in der Via della repubblica in Villorba. Es wird ihm zu Ehren gegeben, in der Werkstatt der Familie Pinarello, unscheinbar gelegen im chaotischen Gewerbegebiet vor den Toren Trevisos. In der berühmten Manufaktur lassen nicht nur die Telekom-Radprofis ihre »Ferrari unter den Rennrädern« fertigen, wie Teamchef Walter Godefroot bei einem kurzen Rundgang durch die heiligen Hallen erläutert. Juniorchef Fausto Pinarello hat sie mit Tischen, Stühlen und Kerzenschein in einen gemütlichen Bankettsaal verwandeln lassen; es riecht sehr dezent nach Lack und Kettenschmiere, während Spitzenkräfte der italienischen Küche das Menü mit Tortellini und Kalbsfilet komponieren. Miguel Induraín ist ebenso anwesend wie der ehemalige Weltmeister Gianni Bugno, Bjarne Riis und Paolo Rossi, Torschützenkönig der Fußball-WM von 1982 und ein glühender Bewunderer des Radsports. Jan Ullrich und Induraín stoßen mit Prosecco auf den Erfolg des »Jet über Treviso« an, wie die Lokalzeitung *Il Gazzettino* den Grande Campione auf ihrer Titelseite ankündigt. Ullrich sei »stärker, als ich es war«, lässt sich der große Spanier entlocken und befindet: »Er hat ein Tief überstanden und Kraft nicht mehr nur in den Beinen, sondern jetzt auch im Kopf.«

Miguel Induraín ist ein ausgesprochen freundlicher Mensch.

Fragen an die Denkfabrik

Miguel Indurain täuscht sich gewaltig. Auch er erliegt der Vorstellung, Jan Ullrich könnte etwas gelernt haben aus der ersten Achterbahnfahrt seiner Karriere, die ihn nach einer rasanten Talfahrt wieder hinaufkatapultiert hatte in die Höhen der Ausnahmekönner. Wenn Jan Ullrich heute auf die Monate nach seinem goldenen Herbst zurückblickt, spricht er offen wie selten über Denkfehler und Irrglauben, die damals sein Verhalten bestimmten. Von null auf hundert in so kurzer Zeit, dachte er sich nach der schönen Zeit im vorangegangenen Herbst, »ist doch prima, was wollt ihr denn?« Er bildete sich jetzt wieder ein, als begnadeter Teilzeitarbeiter seine Träume verwirklichen zu können. Inzwischen weiß er: »Das war lange Zeit der Trugschluss, dass ich ja auch so wieder in Form komme, innerhalb von wenigen Wochen, wenn es sein muss.«

Im Frühjahr 2000 indes geht ihm diese Erkenntnis ab. Bei seinem vorläufig letzten Rennauftritt sorgt Ullrich mit seiner Erscheinung für allgemeine Heiterkeit. »Ich wollte Jan guten Tag sagen«, plaudert der französische Profi Laurent Jalabert aus, »aber er hatte keine Luft, um zu antworten.« Anschließend, zwischen Mitte März und Mai 2000, fährt Jan Ullrich nicht ein einziges Rennen: Zwei Infekte, Übergewicht. Sechs Kilo oder acht, vielleicht auch zehn, die Schätzungen variieren. Die Probleme haben sich diesmal bis in den Frühling verschoben, denn im Februar wähnte man ihn noch auf einem guten Weg. Wohl nicht zu Unrecht, denn Jan Ullrich verbrachte fast den kompletten Monat in der Wärme Südafrikas, eine Idee von Udo Bölts: »Mal was anderes eben als immer Mallorca.« Täglich mindestens sechs Stunden Training sowie der Start bei einer kleinen Rundfahrt über acht Etappen durch die Provinzen am Kap. Ullrich arbeitete in Südafrika ordentlich, die Wärme behagte ihm, »da ist es viel leichter, jeden Morgen um sechs aufzustehen«. Zurück in der trüben Heimat, orientieren sich Kopf und Körper allerdings an bekannten Mustern. »Ich habe nicht auf mich aufgepasst«, gesteht Jan Ullrich. Erkältung. Unlust. Genuss. Absagen. Pause. Er hat ja noch Zeit bis zur Tour. Denkt er.

Mitte April setzt sich der träge Geist allmählich wieder in Bewegung. Höchste Zeit für »Krisen-Peter«. Die Aragón-Rundfahrt lässt Ulrich sausen, er startet nach überstandener Grippe im Schwarzwald sein Trainingsprogramm. Der zähe Prozess des Herankämpfens beginnt. Ganz sachte. Anfang Mai tritt Telekom-Kollege Andreas Klöden der Therapiegruppe bei, auch Jens Heppner verbringt seine rennfreien Tage nun bei ihm, Sportchef Rudy Pevenage übernimmt die Aufsicht. Sie versuchen, Jan Ullrich aufzumuntern, seinen Antrieb zu beleben.

Doch seine Kalorienattacken unterbindet niemand. Keiner traut sich das. Udo Bölts hat nicht ein einziges Mal versucht, Ullrichs Genusssucht mit einer dezenten Nebenbemerkung einzudämmen. »Ich habe früh gemerkt, dass er kein Mensch ist, der sich zur Seite nehmen lässt«, sagt Bölts, »denn er ist sehr stur, dann hört er einfach weg – und dann lässt er sich auch von Pevenage nichts sagen.« Und auf dem Ergometer macht dem Kraftmeier ja auch mit ein paar Pfunden zu viel so rasch keiner etwas vor. Udo Bölts kann sich an einen Abend im Trainingslager erinnern: »Da komm ich rein und denke: ›Mann, ist der übergewichtig!‹, und sag zu ihm: ›Na Jan, schätze mal so 320 Watt, oder?‹« Ullrich habe ihm nur geantwortet, wie heiß es doch im Raum sei, »und dann hab ich draufgeguckt – 450 Watt, und da hat er noch mit mir gesprochen! Da war ich geschockt und bin gleich raus, ›okay Jan, ich geh jetzt wieder‹.«

Jens Heppner wiederum, das sagt er zumindest, hat sich getraut, Kritik anzubringen. Genau einmal. »Lass das doch jetzt mal mit der Schokolade«, so in etwa. Nur, das brachte nichts, »denn der ist zu stur und einer, der dann genau das Gegenteil von dem macht, was andere ihm sagen«. Zeitungen vielleicht, fiese Kommentare als Hilfsmittel zur Mäßigung? Liest er nicht. Sagt er jedenfalls. »Zeitung les ich ganz wenig, und schon gar nichts über mich, ich schaue mir auch keine Videos von mir an.«

Mitte Mai ist Ullrichs Saisoneinstieg beim *Midi Libre* in Südfrankreich vorgesehen. Noch sind es sechs Wochen bis zur Tour, und selbst der geduldige Pädagoge Pevenage wirkt nun unruhig: »Keine kleine Krankheit, kein Sturz, jetzt darf nichts mehr passieren – sonst haben wir ein Problem.« Derweil attestiert sein Landsmann Eddy Merckx aus der Entfernung »eine gewisse mentale Schwäche«, der ewige Kranke habe wohl »zu DDR-Zeiten zu früh hohe Leistungen bringen müssen«.

Auf der ersten Etappe des Midi Libre stürzt Jan Ullrich. Ein paar Schürfwunden, sonst nichts. Ullrich fährt hinterher, alles wie gehabt. Ihn ficht das nicht weiter an, doch er muss sich nun immer häufiger rechtfertigen. Er sei kein Sportler, »der 365 Tage im Jahr nur an seinen Sport denkt und wirklich nur fettfrei isst«, verteidigt er sich, und dann deutet er erstmals sein eigentliches Problem an: »Das ist irgendwo ein Wettkampf gegen mich selbst.«

Dass er ihn gewinnen wird, ziehen inzwischen sogar seine Begleiter in Zweifel. Allen voran Walter Godefroot, der Ullrichs umstrittenen Lebenswandel regelmäßig seinen Ansprechpartnern in der Bonner Telekom-Zentrale zu erläutern hat. Allein die überragende Form seines Sprinters Erik Zabel vermag von den ständigen Störfällen bei seinem Zugpferd abzulenken. Der Berliner hat die Weltcups *Mailand – San Remo* und *Amstel Gold Race* für sich entschieden und kann früh auf ein gutes Dutzend Saisonsiege verweisen. Nun muss Ullrich übernehmen, doch beim Start der Deutschland Tour Ende Mai vor der Münster-Basilika in Bonn glänzen immer noch rundliche Wangen in Ullrichs Gesicht. Godefroot steht am Rande der Einschreibeprozedur, und wieder einmal hat er das Mysterium seines labilen Stars zu erläutern. Diesmal klingt er erstmals genervt. Er könne »Jan nur Vorschläge machen«, sagt er kalt, »entscheiden muss er selbst«. Und dann deutet er auf den Kopf, dorthin, wo sich die Denkfabrik befindet, und erklärt: »Ob Jan einmal ein perfekter Profi sein wird, das ist eine Frage der grauen Masse.« Er hat da Zweifel.

Es folgt ein Juni, in dem Jan Ullrich noch einmal den großen Illusionisten gibt, den seltsamen Verwandlungskünstler. Er selbst glaubt in dieser Phase, das Duell mit dem eigenen Phlegma wieder einmal für sich entschieden zu haben: Belegt den fünften Platz bei der Tour de Suisse, wo er drei Tage sogar das gelbblaue Hemd des Leaders trägt. Und überzeugt bei den Deutschen Meisterschaften als erster Helfer des verdienten Wasserträgers Rolf Aldag. »Ich habe jetzt gut zwei Monate hart gearbeitet, um in Tour-Form zu kommen«, vermeldet er zufrieden, »jetzt fühle ich mich sehr gut.« Doch für einen ist sehr gut nicht mehr genug. Er heißt Lance Armstrong.

Geständnis in Courchevel

Diese Busladungen mit älteren Menschen, vielleicht sind sie die Ursache für Jan Ullrichs merkwürdige Heiterkeit am Morgen danach. Am Tag, nachdem er die Tour de France verloren hat, erstmals gegen Lance Armstrong. Schon am Abend zuvor sah er sie, als ihn der Mannschaftswagen vom zugigen Gipfel in Hautacam ins Tal chauffiert hatte. Die Pilgerströme der Senioren und Rollstuhlfahrer füllten auch zu später Stunde die Straßen von Lourdes, mehr als fünf Millionen Gläubige bereisen ja jährlich den Wallfahrtsort in den französischen Pyrenäen, wo das Hirtenmädchen Bernadette im Jahre 1858 nicht weniger als 18 Marienerscheinungen erlebt haben soll. Doch Jan Ullrich, das versichert er an diesem Dienstagmorgen im Juli 2000, werde seinen Körper nicht in das geweihte Wasser der Grotte tauchen. Es würde wohl nichts nützen.

Die Tour 2000 hat an diesem Morgen erst zehn Etappen hinter sich, doch die Machtverhältnisse sind zu diesem Zeitpunkt längst geklärt: Über allen bewegt sich Titelverteidiger Lance Armstrong, aus dem Krankenbett auferstandener Krebspatient, der nach seiner Heilung 1999 gleich das schwerste Rennen der Welt gewann. Hinter ihm kommen irgendwann die anderen. Jan Ullrich ist auch dabei. Auf den Serpentinen nach Hautacam war der Amerikaner vom Team *US Postal Service* der Konkurrenz wie ein motorisierter Zusteller davongefahren. Mit hochtourigem Wiegetritt, bis zu 115 Umdrehungen in der Minute, beinahe irreal. (Jan Ullrich dagegen tritt große Gänge und bleibt wie ein Stoiker im Sattel. So hat er es bei Peter Becker gelernt, und so ergibt es auch Sinn für ihn, »ich lebe eben von der Kraft«.) Armstrong störte sich wenig am miesen Wetter, das bereits am frühen Morgen mit dicken Regentropfen gegen die Fensterscheiben den Weckdienst übernommen hatte. Die Aussicht auf den nahen Christus-See im Startort Dax versperrten den Fahrern sehr irdische Wolkengebilde, doch der Texaner entstieg dem Hotellift gut gelaunt. Er mag dieses Wetter, bei ähnlichen Bedingungen hatte er 1993 als unbekannter 21-Jähriger das Profirennen der Straßen-WM von Oslo gewonnen. Damals, als der ebenfalls unbekannte Jan Ullrich zum Titel des Amateurweltmeisters raste. Auch auf dem Weg zu seinem ersten Tour-Sieg 1999 hatte sich Armstrong trotzig wie kein anderer durch Wind und Wetter hinauf nach Sestrière geschwungen und damit ins Gelbe Trikot. Sein Motto: »Je schlechter das Wetter, desto besser für mich.«

Dass Jan Ullrich diese Bedingungen nicht schätzt, war ihm in Hautacam anzusehen: das Gesicht geschwollen wie ehedem bei seinem Kräfteeinbruch in Les Deux-Alpes, restlos ausgezehrt nach sechs Stunden durch das auf sechs Grad abgekühlte Pyrenäenmassiv. Vier Minuten Rückstand auf Armstrong hatten sich angesammelt an nur einem Tag. Und die Erkenntnis der frühzeitigen Niederlage hatte sich eingestellt. Noch hielt die Tour den mystischen Mont Ventoux bereit und schwere Prüfungen in den Alpen. Doch Jan Ullrich hatte verstanden. »Jeder, der das nicht als eine Art Vorentscheidung wertet, betreibt Augenwischerei«, konstatiert er in Lourdes. Er glaubt nicht mehr an ein Wunder.

In den nächsten Tagen hat Jan Ullrich damit zu kämpfen, sich zumindest den zweiten Rang zu erhalten. Er hoffe, »wenigstens einen Platz auf dem Podium zu kriegen«, gibt er nach der Ankunft auf dem vom Wind umtosten Schicksalsberg Mont Ventoux zu Protokoll. Eine leise Kapitulation, obwohl er als Vierter diesmal nur 29 Sekunden einbüßte auf das Topduo mit Marco Pantani und Lance Armstrong. Deutlicher fallen seine Worte in den Alpen aus. Dort legt er ein umfassendes Geständnis ab.

Courchevel hatte er in einem beklagenswerten Zustand erreicht, zwei Sekunden Abstand rettete Ullrich in der Gesamtwertung auf den bis dahin namenlosen Basken Joseba Beloki, der inzwischen auf Rang drei vorgefahren ist. Siebeneinhalb Minuten hinter Armstrong und nur einen Wimpernschlag vor einem Neuling – diese Faktenlage nehmen sie beim Team Telekom zum Anlass für ungewohnt freizügige Äußerungen. Nicht nur der Mahner Walter Godefroot fühlt sich bestätigt in seiner Ansicht, Ullrichs von der Natur geschenktes Talent nütze dem Inhaber wenig, wenn der Sportler das Potenzial mit seiner leidlichen Arbeitsmoral blockiere. Noch auf dem Mont Ventoux hatte der Belgier die Berichterstatter am Teammobil um sich versammelt und sehr unverblümt und sehr enttäuscht festgestellt, die Veranstaltung erlebe »zurzeit leider nicht den besten Ullrich«. Am Ruhetag in den Alpen formuliert er seine Klageschrift weitaus prägnanter. »Zehn Wochen hundertprozentiger Lebenswandel reichen eben nicht«, mault der frühere Profi, »das muss sich Jan jetzt mal überlegen.«

Der Delinquent immerhin gibt sich einsichtig. Fast erleichtert referiert er in eigener Sache von einer »Art Selbsterkennung«, von der Einsicht, dass ihm mit einer Blitzdiät im Mai und forciertem Training im Juni körperliche Substanz und Rennhärte für eine dreiwöchige Rundfahrt dann doch eher abgehen. »Ich muss umdenken«, kündigt er seiner irgendwie gerührten Zuhörerschaft an, »ich muss profihafter leben, mehr Zeit aufwenden, mehr trainieren – sicherlich habe ich nicht alles richtig gemacht. Der Fehler mit dem hohen Körpergewicht im Winter darf mir nicht noch einmal passieren, weil ich mich auch durch das hohe Gewicht immer quälen musste, da war ich selber schuld dran.«

Es erhebt niemand Einspruch. Das Verfahren wird unter Auflagen eingestellt.

Mit erleichtertem Gewissen fährt es sich gleich viel besser, denkt man sich am nächsten Tag: Auf der schweren Etappe nach Morzine wird Jan Ullrich Zweiter hinter Richard Virenque, er knöpft sogar Armstrong etwas Zeit ab, eine knappe Minute. Der Boss kämpfte im Schwarm der Verfolger mit einem Einbruch, »keine Energie mehr, ich hatte zu wenig gegessen«, berichtet er im Ziel. Der gefürchtete Hungerast. Ihm bleiben immerhin noch fünfeinalb Minuten Vorsprung auf Ullrich, der Platz zwei festigt und ein wenig auch seine Moral. Das ist schön, denn am Ende der Woche geht es in die Heimat seiner Freundin: Einzelzeitfahren von Freiburg nach Mulhouse.

Im sonnigen Breisgau sind die Menschen natürlich ganz aufgeregt und versperren fast die Wege, so viele sind auf den Beinen. Gerne würden sie ihren eigenen Mann siegen sehen, der ja hier jeden Meter kennt. Doch Lance Armstrong ist nicht bereit zu Gastgeschenken, schließlich fehlt ihm dieses Jahr noch ein Etappensieg. Er gewinnt. 25 Sekunden schneller ist er als der Hausherr, er bezwingt ihn quasi »in seinem Hinterhof«, wie Armstrong mit einem flüchtigen Anfall von Häme befindet.

Paris, die Champs-Élysées. Jan Ullrich trifft bei seinem vierten Tour-Start zum dritten Mal als Zweiter ein, als »würdiger Zweiter«, wie er findet. Und natürlich ist das ungerecht, wenn ihn nun viele als ersten Verlierer darstellen, wie auch Lance Armstrong gerne und oft den zweiten Platz abwertet. »Alles immer auf das Jahrhunderttalent zu schieben, finde ich nicht richtig«, bringt Jan Ullrich zu seiner Ehrenrettung hervor. »Diese Leute wissen doch gar nicht, was ich für ein Trainingspensum habe, wie ich mich da quälen muss für einen zweiten Platz bei der Tour, neun, zehn Stunden am Tag – ich muss sicherlich ähnlich viel trainieren wie ein Lance Armstrong.« Ullrich räumt außerdem ein, er habe nun begriffen, dass er »selbst mit kurzer Vorbereitung Zweiter werden kann«, mit gerade einmal »80 Prozent meines Potenzials« sei er ja vor drei Wochen nur angetreten. Was weitergedacht doch bedeuten müsse, »dass ich Lance schlagen kann«, unbedingt sogar – »da bin ich mir sehr sicher, sonst würde ich gar nicht mehr antreten«.

Nur dafür will er sich künftig noch mehr schinden, für einen zweiten Sieg bei seinem Lieblingsrennen. Nach der Ehrenrunde nimmt er Udo Bölts zur Seite. »Einmal möchte ich diese Schale noch in den Händen halten«, flüstert er ihm zu, »einmal möchte ich noch da oben stehen.«

Meister der Werksfahrer

Jan Ullrich wird Armstrong sehr bald bezwingen. Gleich zweimal sogar, und in einer Art und Weise, die sich allen auf Jahre einprägen wird.

Für den Amerikaner bedeuten diese beiden Niederlagen die mithin unerfreulichsten Stunden seiner Karriere. Denn bei Olympia 2000 in Sydney *will* er gewinnen, unbedingt. Er beklagt ja nicht selten, seine Landsleute verstünden nicht richtig, was ein Sieg bei der Tour de France bedeute. 1999, als er in Frankreich gerade das Gelbe Trikot erobert hatte und an einem der folgenden Tage routiniert (und zeitgleich mit den Konkurrenten) im Hauptfeld an, sagen wir einmal: Position 64 über die Linie rollte, fragte ihn eine Journalistin von seinem Heimatblatt in Dallas, ob er sehr enttäuscht sei von Platz 64 und woran es denn gelegen habe. Sie wusste wohl sehr wenig über Armstrongs Sport. Allein deswegen solle es Gold in Sydney sein, das verkündete Armstrong vor der Abreise nach Australien, »denn ich kann sechsmal die Tour gewinnen, aber wenn ich Olympia verliere, fragen die Leute sofort: ›Was ist nicht in Ordnung mit dem Kerl‹?«

Die beiden Rivalen hatten sich bereits im August wieder gesehen, beim Weltcuprennen in Zürich. Ullrich startete als Mitfavorit, drei Wochen nach der Tour befand er sich ganz offenbar auf dem Weg zur Höchstform; wenige Tage zuvor war ihm bei der *Coppa Agostini* in Italien der erste Saisonsieg gelungen. Bei der Hitzeschlacht am schönen Zürichsee sprengte Ullrich auf der letzten Steigung zum Pfannenstiel die Spitzengruppe, auch Lance Armstrong musste abreißen lassen. Seinen ersten Weltcupsieg überhaupt verpasste Ullrich hauchdünn im Sprintduell mit dem Schweizer Lokalmatador Laurent Dufaux.

Während Armstrong bis Sydney auf weitere Renneinsätze verzichtete, startete Jan Ullrich als Titelverteidiger bei der Spanien-Rundfahrt, diesmal allerdings nur zu Trainingszwecken. Nach der zwölften Etappe reiste er zur Enttäuschung der Spanier ab. Er wog jetzt nur noch 71 Kilo – Untergewicht! »Für das Zeitfahren in Sydney sollte er zwei Kilo zulegen«, riet ihm Peter Becker. Ullrich schaffte das selbstredend mühelos. Er zog erwartungsfroh im Olympischen Dorf ein und erklärte: »Eine Medaille möchte ich auf alle Fälle gewinnen.«

Über das olympische Straßenrennen im *Centennial-Park* sagt Jan Ullrich heute, an diesem Tag habe er sich, »was ein Eintagesrennen angeht, in der Form meines Lebens befunden«. Mit Armstrong, Pantani und ihm befanden sich drei Tour-Sieger am Start, dazu in Abraham Olano, Oscar Camenzind und Oscar Freire drei Weltmeister. Doch niemand von ihnen vermochte zu reagieren, als der Deutsche am vorletzten Anstieg im Stadtteil Bronte antrat und seinen großen Gang einlegte, 53/17. Niemand – bis auf den Kasachen Alexander Winokurow und Andreas Klöden aus Cottbus, zwei Kameraden vom Team Telekom. Zu dritt veranstalteten die drei Fahrer aus zwei Nationen so etwas wie ein Mannschaftszeitfahren – und hinten im Pulk der Verfolger schmollten Virenque, Pantani und vor allem Armstrong, weil dessen US-Teamgefährten nicht aufgepasst hatten. »Fuck, da vorne fahren noch drei«, hörte Armstrong einen seiner

Landsleute durch den Funk fluchen. Da war es bereits zu spät für die Verfolgung.

Das Trio mit ein und demselben Arbeitgeber, das ist kein Geheimnis mehr, einigte sich auf der letzten Runde über die Medaillenverteilung. Nach Dienstgrad. »Wir drei sind alle aus einem Team, und Jan ist eben der stärkste Fahrer«, erklärte Klöden später, »der Alex ist das ganze Jahr über gut gefahren, und äh – so gab's auch wegen Platz zwei und drei keine Probleme.« Nicht alle haben die eigenwilligen Regeln des Radsports hinterher begriffen, die sich eher an den Hierarchien der Firmengruppen orientieren denn an Nationalitäten. Ausgetüftelt hatte *Team Deutschland-Telekom* die Sache im Trainingslager in Brisbane, wo sich rein zufällig auch Winokurow für Sydney in Schwung brachte. Das Kommando zum Angriff aus dem deutschen Begleitfahrzeug gab der Belgier Rudy Pevenage, wie Trainer Mario Kummer – ebenfalls Team Telekom – mit dem Trio über Funk verbunden.

Ein Ausscheidungsfahren von Werksfahrern kannte Olympia bislang nicht, der *Sydney Morning Herald* sah die olympischen Ideale verraten und schrieb empört: »Hätten Hitler und Stalin auf diese Weise im Zweiten Weltkrieg kooperiert, hätte es keine Ostfront gegeben.« Nun ja, Ullrich wäre vermutlich sowieso nicht zu schlagen gewesen, allenfalls in einem Sprintduell mit seinem Freund Winokurow, der jedoch mit Silber sehr gut leben konnte – er bescherte Kasachstan die erste Olympiamedaille überhaupt und wird seitdem zu Hause als Volksheld verehrt.

Lance Armstrong machte sich nach dem Rennen bald aus dem Staub, Jan Ullrich erinnert sich nur noch daran, »dass der Lance richtig enttäuscht war, er wollte hier unbedingt eine Goldmedaille gewinnen«. Am Ende blieb ihm nur Bronze im Einzelzeitfahren, das Jan Ullrich vermutlich ebenfalls gewonnen hätte, wenn nicht der Wind einen Überraschungssieger aufs oberste Podest geschoben hätte. Der 34-jährige Russe Wjatscheslaw Ekimow, im Hauptberuf Vorarbeiter ausgerechnet bei Armstrongs Postal-Crew, kam in der ersten Startgruppe der Außenseiter in den Genuss besserer Bedingungen und benötigte acht Sekunden weniger als Jan Ullrich. Armstrong? Auch hinter Ullrich zurück, stolze 26 Sekunden. Gold und Silber, »Sydney«, sagt Jan Ullrich, »war ein einziger Traum.«

Eigentlich wollte Jan Ullrich seine Medaillensammlung bei der Weltmeisterschaft Anfang Oktober in Frankreich erweitern. Doch er muss absagen. Beim Weltcup *Paris–Tours* ist er gestürzt, seine aufgeplatzte Lippe wurde mit fünf Stichen genäht. Das Saisonende, und ein Vorfall, dem allein Jens Heppner etwas abgewinnen kann. »Früher hat er immer einen komischen Pfeifton gemacht, wenn ich mal geschnarcht habe, danach konnte ich drei Stunden nicht wieder einschlafen«, erzählt der langjährige Zimmergenosse – »doch seit Paris–Tours bekam er den nicht mehr hin.«

»Naturjoghurt - ungezuckert!«

Die Saison 2001 beginnt Jan Ullrich bereits in der ersten Dezember-Woche 2000. Erneut Südafrika. In der Wärme verbringt er nun sogar die Weihnachtstage. Wegen der Kekse von Gabys Mutter Rosemarie. Und wegen Gabys Kartoffelsuppe mit Würstchen. »So umgehe ich die gute familiäre Küche, die mich in der Vergangenheit stets um ein paar Kilo zurückgeworfen hat«, erklärt er fröhlich. Zumindest möchte er so klingen. Denn eigentlich, das ahnt man, ist das ja gar nicht seine Idee gewesen – seine Begleiter vom Team Telekom haben ihm dazu geraten. Für dieses Jahr wollen sich schließlich alle besonders viel Mühe geben mit ihrem Problemfall, sie haben eigens für ihn die Innovation des »Babysitter-Systems« kreiert.

Jan Ullrich verwendet selbst diesen kompromittierenden Begriff, allerdings erst in der Rückschau. Ebenso Rudy Pevenage, der nun mehr und mehr die Aufsicht übernimmt. Walter Godefroot hat es so angeordnet, dafür übertrug er seinem Freund nun auch offiziell die Sportliche Leitung des Rennstalls; er selbst möchte sich künftig auf die Managementaufgaben beschränken. »Wir haben besser auf ihn aufgepasst, wir wollten ihn nicht mehr so viel alleine lassen«, erläutert Pevenage die Strategie der Observation. »Lothar Heinrich, mal ich, mal Mario Kummer oder ein Fahrer, ab 2001 hat sich eben ein Kreis von uns ständig um Jan gekümmert.« Heute fällt Pevenages Fazit ernüchternd aus: »Es hat überhaupt nicht funktioniert. Wenn jemand morgens überhaupt keine Lust hat zu trainieren, dann hat er eben keine Lust. Oder er sagt dir, dass er jetzt vier Stunden trainieren geht – und dann legt er sich wieder ins Bett.«

Jan Ulrich leugnet seine gesteigerte Trotzreaktion nicht. Doch aus seiner Sicht ist sein Verhalten ein verständlicher Vorgang gewesen. »Es war einfach zu viel«, meint er, »es war immer einer da, und wenn der Arzt nicht konnte, ist eben ein anderer da gewesen, um mit mir auf die Waage zu gehen. Da wurden Sportler zu mir geschickt, um mich zu kontrollieren!« Ihn habe das noch mehr »blockiert – das ist genau in die andere Richtung losgegangen«.

Diese Probleme bekommt die Außenwelt zunächst nicht mit. Von außen betrachtet, ist das Jahr 2001 ein Jahr der Veränderungen zum Positiven, das darf Jan Ullrich in den kommenden Monaten durchaus behaupten. Dabei gerät 2001 allenfalls zu einem Übergangsjahr. Zu einem Jahr, in dem sich Jan Ullrich ein letztes Mal selbst betrügt mit Inkonsequenz und halbherzigem Verhalten – ein Jahr, dem sich eine dramatische Wende anschließen sollte. Ein letztes verlorenes Jahr? »Nein«, meint er, »ich brauchte einfach diese Zeit«. Um sich tatsächlich zu verändern. Um Fehler einzusehen. Wirklich einzusehen.

Südafrika also. Ein schöner Fleck zum Trainieren. Danach Mallorca, und im Februar wieder Südafrika. Das klingt gut, das klingt konsequent. Er ist ja jetzt 27. »Wie soll einer dabei dick werden?«, kontert Anfang März Teamarzt Heinrich die ersten Zweifel am Erfolg der Frühjahrsdiät. Und der stets mit der Waage verfolgte Profi ergänzt, »im Vergleich zu den Vorjahren« befinde er sich in prächtiger Verfassung. Ein Leistungstest in Freiburg mag die Theorie allerdings nicht gänzlich stützen. »Defizite im intensiven Bereich« muss Dr.

Heinrich vor dem geplanten Saisonstart in Spanien einräumen. Walter Godefroot wiederum urteilt, die Basiskondition sei »durch die Wintertrainingslager okay«. Okay. Ganz in Ordnung also. Nicht wirklich gut.

Die angekündigten Starts bei den Frühjahrsklassikern fallen flach. Ullrich gibt sein Deutschland-Debüt an Ostern bei *Rund um Köln* als pfundige Attraktion. Er bescheidet sich mit kleinen Erfolgserlebnissen wie dem Umstand, dass er zum ersten Mal seit Jahren nicht krank geworden sei. Und er bringt eine Ordnung in sein Leben. Mit Gaby Weis ist er in Merdingen in ein großzügiges Einfamilienhaus gezogen, ins Neubaugebiet am Schlagbaum. Bei Telekom unterzeichnet er einen neuen Vertrag, gültig bis Ende 2003. Ullrich verkündet das bei einem Empfang der Stadt Frankfurt im Karmeliterkloster, vor dem Rennen am Henninger-Turm. Nach der zähen Prozedur mit Politikerreden lässt sich Jan Ullrich oben im ersten Stock von den Journalisten vernehmen. Er müsse sich »im Moment sogar noch ein bisschen zügeln«, so sehr habe ihn der Elan gepackt, das diktiert er ihnen in den Block.

Nebenan hat Wolfgang Strohband einen Stand aufbauen lassen, Ullrich stellt sein erstes Buch vor: *Meine Lieblings-Radtouren*. »5000 Auflage, noch einiges zu haben«, vermeldet der Geschäftsmann. Auch der Weg zum *Pfauen*, seinem Leiblokal, findet sich im Buch. Von dort gibt es übrigens gute Nachrichten. »Diesmal hat er anders gegessen«, berichtet Chefin Margit Guhl, deren Gatte in der Küche zaubert. »Nicht weniger, aber konzentrierter: Püree oder trockener Reis mit Gemüse, danach Naturjoghurt mit Früchten – natürlich ungezuckert!« Neben dem Buchstand steht ein Computer, denn ab sofort gibt es eine Jan-Ullrich-Homepage im Internet. »Pro Tag nur ein paar Minuten, das läuft alles per Telefon«, sagt Jan Ullrich. Das klingt gut, das klingt vernünftig.

Doch auch beim Frankfurter Henninger-Rennen ist Jan Ullrich nicht mehr als ein umjubelter Statist. Das Finale sieht er auf einer Leinwand – Ullrich muss mit dem Pulk der Nachzügler vor der Zielgeraden anhalten, weil die Spitze auf dem Rundkurs bereits den Sieger ausfährt. Ullrich winkt lächelnd in die Kameras.

Im Juni 2001 startet Ullrich erstmals beim Giro d'Italia, »zu Trainingszwecken«. Das Rennen und das Land gefallen ihm sehr gut, doch die Razzia von San Remo macht das Rennen forthin zur Qual. Die ständigen Fragen nach seinem Asthmaleiden, nach dem schlechten Leumund seiner Branche, all das stört ihn. »Ich lasse das alles abblocken«, antwortet er genervt, »ich lese nix, das bringt mich nur durcheinander.« Ullrich konzentriert sich wie immer auf die Tour, und um die Chancen für sein großes Ziel zu verbessern, spielt er erstmals seine Machtposition beim Team Telekom aus: Erik Zabel muss in Frankreich ohne seinen italienischen Sprint-Anfahrer Gian-Matteo Fagnini auskommen. Die Mannschaft soll nur für Ullrich fahren.

Damit Zabel die Ambitionen des Kapitäns auch tatsächlich verinnerlicht, hat sich der wegen seiner Konstanz international hoch geschätzte Sprinter bei den Deutschen Meisterschaften mit Platz zwei begnügen müssen. Den Titel, bislang eine Art Auszeichnung für besondere Verdienste um das Team Telekom, nimmt diesmal ganz unbescheiden Jan Ullrich für sich in Anspruch. Er möchte im weißen Meistertrikot zur Tour. Wie 1997.

Bluff und Nadelstiche

Die 88. Tour de France, was soll man sagen – sie ist wie im Jahr zuvor nach der ersten Bergprüfung entschieden. Jan Ullrich hat zehn Tage zuversichtlich sein weißes Meistertrikot durch Frankreich spazieren gefahren und noch vor der Abreise in Dünkirchen beinahe euphorisch geklungen, als er sagte: »Wenn es dieses Jahr nicht klappt, dann wohl nie mehr.« Doch als er am elften Tag im Zielort der Königsetappe nach L'Alpe d'Huez eintrifft und seine Rennbrille mit den gelben Gläsern abnimmt – er trägt sic seit dem vorhergehenden Jahr, weil sie ihn auch bei schlechtem Wetter glauben lässt, es »scheine die Sonne« – als er sie also abzieht, da starrt er erschöpft und geschlagen auf grauen Asphalt. Die Reporter der *L'Équipe* wollen in diesen Momenten sogar mitbekommen, dass das Meistertrikot des immerhin zweitplatzierten Deutschen übel riecht »nach einem nassen Hund, der in einem Hühnerstall übernachtet hat«, jedenfalls schreiben sie es so in ihrer Zeitung. Der Triumphator des Tages dagegen dufte »nach Lavendel und feinen Wässerchen«. Als ob sich Lance Armstrong nicht verausgabt hätte.

Zwei Minuten hat Jan Ullrich auf der ersten schweren Hochgebirgsetappe der Rundfahrt auf den Amerikaner verloren, und dabei hat Armstrong ihn sogar ein bisschen veralbert, sein Team Telekom stand jedenfalls da wie das genarrte Publikum von David Copperfield. Armstrong lümmelt hinterher im Interviewmobil vor den Mikrophonen, als er von seiner Performance erzählt, und hustet ständig, als müsse er sich jeden Moment übergeben. Manche nennen sein Verhalten bei Pressekonferenzen arrogant. »Das war ein Bluff«, verkündet Armstrong, seine Augen funkeln, »ich habe mit den Telekoms gespielt, und ich habe gewonnen.«

So ist das wohl gewesen, denn den ganzen Tag über hatte er den Kranken gemimt. »Jeder schaut Fernsehen auf so einer Etappe«, erzählt er, »der Tour-Direktor, die Teamchefs, und wenn ich hörte, dass das Motorrad mit der Kamera kam...«, genau, dann hat er so getan, als zerreiße es ihm gleich die Lungenflügel. Weshalb Team Telekom ordentlich Tempo machte bis zu den 21 heiligen Serpentinen unterhalb von L'Alpe d'Huez. Dann übernahm Armstrong. Schaute noch einmal genüsslich zurück in das Gesicht seines Rivalen in dem schönen weißen Trikot und schaukelte davon. Ullrich wehrte sich kurz, doch dann fuhr er wieder sein Tempo und verlor Armstrong aus den Augen. Das Schauspiel einer menschlichen Maschine und der frühen Ernüchterung seines deutschen Rivalen. Doch Jan Ullrich ist ein fairer Verlierer, als er oben in L'Alpe d'Huez wieder zu Atem gekommen ist, meint er: »Lance hat ja schon öfters gesagt, ich sei das größte Talent, aber jetzt ist es wohl so, dass er das größte Talent ist.«

Man kann nicht sagen, dass Jan Ullrich in diesem Jahr eine schlechte Tour fährt. Aber er ist chancenlos. Armstrong spürt das und provoziert ihn auf seine Art, mit winzigen in Nebensätzen versteckten Nadelstichen. Jan Ullrich könne sein hohes Antrittstempo nicht mitgehen, urteilt Armstrong, »er kann einen Rhythmus halten, aber er mag keine Beschleunigungen – ich wusste das, dass ich eine Lücke schaffen könnte –, aber wenn Jan stark ist, kommt er zurück«. War er demnach nicht, sollte das wohl heißen.

Jan Ullrich kann diese These im zweiten Teil der Tour nicht widerlegen, bereits beim Bergzeitfahren nach Chamrousse verliert er eine weitere Minute auf den Titelverteidiger. Abends lehnt Betreuer Rudy Pevenage nachdenklich abseits des Trubels um seinen Star am Mannschaftswagen. Vielleicht liegt das daran, dass Peter Becker sehr fröhlich zu seinem einstigen Schüler in den Kleinbus steigt. Vielleicht ist er aber auch nur enttäuscht. »Wir können nur hoffen, dass Armstrong mal einen schwachen Tag hat«, sagt er. Er glaubt nicht daran.

Lance Armstrong spult auf dem Weg zu seinem dritten Toursieg souverän seine Show ab. Obwohl Ullrich in den Pyrenäen stark fährt und zu Beginn mit ihm Rad an Rad aufs Plateau de Bonascre nach Ax-les-Thermes stürmt, setzt erneut der Amerikaner die entscheidende Attacke. Er liegt nun mehr als vier Minuten vor Ullrich. Und auf der zweiten Etappe in dem Gebirgsmassiv, das die Grenze zwischen Spanien und Frankreich markiert, wird aus dem erneut nur zweitplatzierten Deutschen gar ein gefeierter Sieger – Ullrich fährt an diesem Tag eines seiner besten Rennen überhaupt. Die Menschen auf den dicht besetzten Hügeln und Balkonen dort oben in Saint-Lary-Soulan klatschen laut Beifall, als er im Ziel eintrifft.

Auf der überdimensionalen Leinwand hatten sie seinen aufregenden Arbeitstag verfolgt, wie er am Col de Peyresourde erstmals angriff und ihm nur Armstrong folgen konnte. »Also wollte ich auch auf der Abfahrt alles riskieren«, erzählt Ullrich, der dann allerdings eine Kurve falsch anbremste, »und dann habe ich die Leitplanken gesehen und gedacht, ich gehe wohl lieber ins Gras«. Hat er dann getan, er lenkte hilflos geradeaus ins hohe Grün wie ein Reiter, dem der Gaul durchgeht. Ein Salto über den Lenker folgte, sendereif für *Pleiten, Pech & Pannen*, und darauf die Landung in einem Bach. Frisch geduscht, trug Ullrich flugs sein Rad zurück auf die Straße, und Lance Armstrong hat der Stunt wohl so imponiert, dass er auf seinen abgeflogenen Begleiter wartete. Hinterher nannte er die Geste selbstverständlich »eine professionelle Sache«, zumal es sich zu zweit eben leichter fährt. Sie hat ihn schließlich nicht vom Etappensieg abgehalten, noch einmal eine Minute nahm er Ullrich ab. Dem blieben wieder Rang zwei und diesmal sehr viele Sympathien. Am folgenden Tag schlossen sie für dieses Jahr Frieden, auf dem Gipfel von Luz-Ardiden kamen beide zusammen an, und Jan Ullrich reichte kurz seine rechte Hand nach hinten. Der Souverän ergriff sie, ein Handschlag unter Siegern ohne Blickkontakt.

Besessen im Höhenzelt

Jan Ullrich und Lance Armstrong, gegensätzlicher hätte wohl niemand die beiden besten Radprofis der Jahrhundertwende entwerfen können. Wunderkind gegen Ultraprofi. Geständiger Phlegmatiker gegen fanatischen Ehrgeizling. Was die Fachwelt von Ullrich hält, teilt sie ihm bereits vor der Siegerehrung in Paris mit, wo er nun bereits zum vierten Mal als Zweiter ausgezeichnet wird. Eine phänomenale Leistung für jeden Sportler, für ihn aber angeblich eine Bilanz unter seinen Möglichkeiten. Der Deutsche sei »immer noch nicht ernst genug«, kritisiert Frankreichs fünfmaliger Sieger Bernard Hinault im mobilen Tourdorf bei Sonnenschein und einem *café crème*, »wenn du dieses Rennen gewinnen willst, musst du alles geben, und das tut er wohl nicht«. Von Armstrong dagegen schwärmt der Bauer aus der Bretagne, »er hat hart dafür gearbeitet, das ist das ganze Geheimnis«.

Wenn Jan Ullrich etwas über Lance Armstrong sagen soll, dann sind seine Kommentare von Respekt geprägt, eine innige Beziehung unterhalten die beiden allerdings nicht. Viel mehr als ein wenig *small talk* vor und während der Rennen ist nicht drin, sie verbindet nur die Passion für den Radsport und ein bedeutender Wettbewerb in Frankreich, ansonsten sind sie ziemlich verschieden. Weil Armstrong ihn öfters als »den vielleicht größten Champ« bezeichnet, »den es je gab«, nennt ihn Ullrich etwas genervt »den größten Taktiker, das sind halt so seine kleinen Sticheleien«. Er fühlt sich dann so wohl wie eine große Begabung, die wegen Faulheit durchs Examen gerasselt ist. Wer so oft wie Armstrong die Tour gewinne und auch schon zur Weltmeisterschaft fuhr, sagt er, »der muss ja wohl selber ein großes Talent sein«.

Viele meinen, Lance Armstrongs Vita könnte einem Drehbuch aus Hollywood entstammen, so dramatisch ist seine Geschichte. 1999, nach Armstrongs erstem Tourgewinn, haben alle noch von einem Wunder gesprochen, denn diese Story konnte eigentlich nicht wahr sein. Das reale Märchen von einem Kerl aus Texas, der ohne Vater aufwuchs, dessen Stiefvater ihn gerne mit einem Paddel windelweich schlug, der an Hodenkrebs erkrankte, darauf Operationen und Chemotherapien überstand – und der bei seiner Rückkehr ins Leben zum unantastbaren Sieger beim härtesten Wettbewerb des Sports aufsteigt und schließlich Vater gesunder Kinder wird.

Die meisten Menschen, die sich für seinen Sport interessieren, kennen diese Geschichte inzwischen; er hat sie in seinem ersten Buch (»Tour des Lebens«) aufgeschrieben, das pünktlich zum Start der Tour 2000 erschien, ein Bestseller. Sie begann im Herbst 1996, als ihm Ärzte in seiner Heimatstadt Plano wenige Tage nach seinem 25. Geburtstag offenbarten, er sei an Hodenkrebs erkrankt. Metastasen im Unterleib, in der Lunge und im Gehirn, fortgeschrittenes Stadium. Die Chemotherapien raubten ihm vorrübergehend das Augenlicht. Noch heute hat er ein Foto von sich im Führerschein, das ihn mit Glatze zeigt, ein Dokument aus dem Herbst 1996. Heute sagt Lance Armstrong, Krebs sei »das Beste gewesen, was mir passieren konnte«.

Armstrong besiegte den Krebs, »du hast dir den Falschen ausgesucht«, hat er dem Feind in seinem Körper damals oft gesagt. Zurück kehrte kein Athlet, sondern ein Überlebender, der Radfahren seitdem als Metapher des Lebens versteht, als existenzielle Prüfung von Geist, Körper und Moral.

Armstrong reihte sich als austrainierter Profi wieder im Feld ein: zehn Kilo leichter als vorher – bei einem Fettanteil von nur drei Prozent – und von nun an mit einem Willen versehen, den er als das Geheimnis seiner späteren Erfolge bezeichnet. Armstrong arbeitet seit seinem Comeback mit einer Akribie und Besessenheit, die bislang beispiellos war in der Szene. Im Grunde trainiert er zwölf Monate im Jahr. Schon im Winter beginnt er mit ernsthaftem Training. Er simuliert in Nächten unterm Höhenzelt das Training in der sauerstoffarmen Luft der Berge; seine Übungspläne veröffentlicht er im Internet, und im Frühjahr, wenn in Deutschland gewöhnlich Jan Ullrichs Hüftumfang gemessen wird, ist er bereits in der Lage, große Rennen zu gewinnen. 2001 belegte er Platz zwei beim *Amstel Gold* in Maastricht, die *Tour de Suisse* im Juni gewann er spielend. Zwischendurch fährt er mit seinen Teamkollegen sämtliche Berge ab, die ihm im Juli bei der Tour im Wege stehen werden. Auf der Strecke des Bergzeitfahrens nach Chamrousse hat er sich im April siebenmal getestet, bei eisigen Winden und Regen. Widerspruch ist zwecklos, seine Mannschaft, darunter so hochkarätige Fahrer wie der zweimalige Vuelta-Gewinner Roberto Heras, hat sich nur einem einzigen Ziel unterzuordnen: ihn zum Toursieg zu eskortieren.

Dass Jan Ullrich im Winter und Frühjahr anders verfährt, hat Armstrong ihm in Frankreich mehrfach indirekt vorgeworfen. »Er sollte im Winter besser auf sich aufpassen«, sagte Armstrong mehrfach. Besonders hart fiel seine Reaktion auf die Beschwerde des Team Telekom aus, das Armstrongs Blicke zurück in das Gesicht des geschlagenen Verfolgers als überflüssige Arroganz ausgelegt hatte. Pevenage und Gode-

Jan Ullrich im Goldenen Trikot bei der Vuelta 1999.

Oben: Das Podium der Spanien-Rundfahrt 1999: Jan Ullrich vor Igor Gonzalez de Galdeano und Roberto Heras (rechts).

Rechte Seite:

Oben: Frieden in Luz-Ardiden: Lance Armstrong und Jan Ullrich bei der Tour 2001.

Unten: Einmal in die Botanik und zurück: Jan Ullrich bei seinem spektakulären Unfall auf der Abfahrt vom Peyresourde im Juli 2001.

Links: Zweimal Ullrich, einmal Gold – für den Olympiasieg 2000 in Sydney.

Mit Sorgen zurück im Peloton: Jan Ullrich im Coast-Trikot bei der Sarthe-Rundfahrt.

Linke Seite:

Oben: Pfundige Attraktion: Jan Ullrich im April 2001 bei *Rund um Köln.*

Unten: Jan Ullrich bei seiner Dopingbeichte im Juli 2002 in Frankfurt.

Umjubelte Siegfahrt in Köln: Jan Ullrich gewinnt Ostern 2003 das rheinische Traditionsrennen.

Jan Ullrich beim Einzelzeitfahren in Richtung Cap' Découverte.

Jan Ullrich im Regenrennen von Nantes.

Jan Ullrich und Lance Armstrong liefern sich bei der Tour 2003 bis Paris ein spektakuläres Duell.

Ein Haken wie ein Hase: Jan Ullrich umkurvt die Sturzopfer Mayo und Armstrong.

Jan Ullrich mit seinem bislang größten Erfolg, Sarah Maria.

Neue Heimat am Bodensee: Gaby Weis und Jan Ullrich in ihrem Haus in der Schweiz.

froot, entgegnete er, seien schlechte Verlierer und sollten »sich doch besser auf ihr Programm und ihren Fahrer im Winter und Frühling konzentrieren«. Er sei im April auf den wichtigsten Tour-Strecken gewesen, »da hat es richtig gepisst, aber Ullrich habe ich nicht gesehen!« Konnte er auch nicht. Jan Ullrich ist gar nicht da gewesen.

Manchmal scheint es, solch Ärger mache ihn noch stärker, als lieferten ihm Feindbilder zusätzliche Motivation. Er schätzt wohl das archaische Prinzip und hat gerne Gegner. Denn er liebt es, sie zu besiegen. Nicht anders ist das am Ruhetag in Pau gewesen, wo er längst als Sieger der Tour-Ausgabe von 2001 feststand und mehr als zweihundert Journalisten ihn vor allem wegen seiner Zusammenarbeit mit dem umstrittenen italienischen Sportarzt Michele Ferrari ins Kreuzverhör nahmen. Die seit Jahren bestehende Liaison hatte kurz vor der Tour ein britischer Journalist bekannt gemacht, und seitdem befindet sich Armstrong auch auf einem Kreuzzug gegen einen Verdacht. Dass ihm wegen seiner Krankheitsgeschichte die bislang nicht nachgewiesene Einnahme laut Dopingliste eigentlich verbotener Substanzen gestattet sei, wird ihm ja bereits seit Jahren latent unterstellt. Die Zusammenarbeit mit Ferrari gilt insofern als heikel, als dass der Sportarzt aus Ferrara den zweifelhaften Beinamen *Dottore Epo* genießt, weil er zahlreiche Radprofis mit der Modedroge der Szene versorgt haben soll.

Das gut einstündige Verhör von Pau überstand Armstrong trotz Lücken in der Argumentationskette so souverän und eloquent wie ein Staranwalt. »Gut, dass du gekommen bist, ich habe dein Zeug gelesen«, hatte er zur Begrüßung dem anwesenden Journalisten aus London zugerufen und ihn auch am Ende noch einmal fixiert wie ein Bussard die Feldmaus: »Ich weiß, dass du mir nicht glauben willst, aber damit kann ich leben.« Das Tribunal hatte er übrigens goutiert,

»denn was gibt es Besseres an einem Ruhetag als eine heiße Pressekonferenz, ich brauche immer den Wettbewerb«. Anschließend ist er zwei Stunden trainieren gefahren.

Remis ging bei dieser Tour nur das Duell mit den Franzosen aus, die Armstrong ähnlich reserviert gegenübertreten wie Jan Ullrich dies vorzieht. Sie respektieren ihn, verehren ihn jedoch nicht. Dass jemand so kühl und überlegen ihr Sportfest beherrscht, finden sie ebenso unromantisch wie Armstrongs lange Zeit miserables Französisch. Am letzten Wochenende haben ihm die Fotografen der Tour, mehrheitlich Franzosen, die *Goldene Zitrone* für den unkooperativsten Fahrer überreicht, was der Preisträger natürlich sportlich nahm. Die Tour sei »ein Fahrradrennen und kein Beliebtheitswettbewerb«, kommentierte er die Wahl und setzte einen flotten Konter: Die Bitte der Fotografen nach einem hübschen Abschiedsbild mit Champagnerglas lehnte er mäßig höflich ab. »Tretet ihr mir in den Arsch«, antwortete er, »dann trete ich in euren«.

In den USA ist er zwar nicht überall im Land bekannt, zu exotisch wirkt auf manchen Amerikaner weiterhin diese Sportart aus dem alten Europa. Doch seine Karriere und sein Schicksal erfreuen und rühren die interessierten Amerikaner, er erzählt davon nach Toursiegen dem Präsidenten im Weißen Haus oder in der Talkshow von David Letterman und wirbt dann für seine Stiftung zugunsten der Krebsforschung oder sein neues Buch. *Vanity Fair* zeigte ihn sogar nackt, den »Mann aus Eisen« (*L'Équipe*), der das schafft, was er sich vornimmt. »Der Armstrong«, das hat Ullrich-Manager Wolfgang Strohband früh mitbekommen, »der soll richtig gut sein, wesentlich lockerer.«

Lance Armstrong, wie gesagt, ist so ziemlich der krasseste Gegenentwurf zu Jan Ullrich. Ist er für ihn in manchen Dingen dennoch ein Vorbild? Ullrich lächelt, wenn er diese

Frage hört, sein Vorbild ist ja eigentlich Miguel Induraín, der freundliche Spanier, harmoniebedürftig wie er und ähnlich scheu und ehedem im gleichen Fahrstil unterwegs. Jan Ullrich sagt: »Ich habe sicher nicht ein Bild von Lance am Spiegel und sage jeden Morgen: ›So will ich sein‹ oder ›Dich muss ich kriegen.‹«

Und dennoch hat Jan Ullrich diese Tour 2001, während der ihn Lance Armstrong dominierte und mit seinen demoralisierenden Angriffen doch in eine andere Liga verbannte, nachdenklich gemacht. Sagt Jan Ullrich. Er habe in diesem Jahr endgültig begriffen, dass er den Amerikaner mit seiner bisherigen Methode nicht wird bezwingen können. Er hatte ja gedacht, diesmal ordentlich vorbereitet am Start gewesen zu sein, »doch jetzt hatte ich kapiert: Gut, für diesen Typen reicht das nicht«. Er fasste Vorsätze und war sich sicher, »auch mit meinem Weg noch einmal die Tour gewinnen zu können – wenn ich es denn endlich einmal richtig mache!« Jan Ullrich, das schwört er heute, wollte sich jetzt richtig Mühe geben.

Als in Deutschland bei *Aldi* die ersten Butterspekulatius-Kekse und Adventskalender in den Verkauf kommen, erhebt niemand beim Team Telekom Zweifel an den diesmal besonders guten Vorsätzen des Aushängeschildes. Es ist Mitte Oktober, als Jan Ullrich in Lissabon eintrifft, die Stadt am Tejo organisiert die Weltmeisterschaft der Radsportler 2001. Fast elf Wochen sind seit dem Ende der Frankreich-Rundfahrt vergangen, »eine lange Zeit für ihn«, sagt Rudy Pevenage bei der Ankunft im *Marriot*, doch er ist guter Dinge. Nicht alle hätten Ullrich dieses Durchhaltevermögen zugetraut, »da muss man schon zufrieden sein«.

Jan Ullrich selbst wirkt mit sich im Reinen und hat, wie es zu diesem Zeitpunkt den Anschein hat, Gefallen gefunden am Leben eines dauerhaft aktiven Berufssportlers. Kürzlich in Italien, beim Etappenerfolg auf der Lucca-Rundfahrt und dem Sieg beim *Giro dell'Emilia*, habe er die Italiener »ein bisschen geschockt«, parliert er vergnügt, »dass ich die da abgespurtet habe bei ihren schweren Rennen – da haben die schon ein bisschen doof geguckt«. Ein wenig ist er wohl von sich selbst verblüfft.

Bei der Rad-WM in Lissabon gewinnt Jan Ullrich ein zweites Mal die Goldmedaille im Einzelzeitfahren, und als er eintrifft im Zielbereich, den die Portugiesen einladend zwischen grauen Wohnblöcken, der Eisenbahnlinie und einer Militärschule arrangiert haben, bekommen so manche Probleme mit ihren Emotionen. Jürgen Kindervater, der PR-Vorsteher des Sponsors, schießt mit seiner Digitalkamera aufgeregt ein paar Bilder fürs Familienalbum, im Wettbewerb um die beste Position hält er sich wacker gegen die unauffällig schubsenden Betreuer der Ländermannschaften aus Irland, Weißrussland und Kolumbien. Bei der Siegerehrung im Monsanto-Park kullern Trainer Peter Becker beim Abspielen der Nationalhymne Tränen über die Wangen, neben ihm knipst Wolfgang Strohband ein paar Erinnerungsfotos, auch er weint unauffällig.

Es werden Bilder eines von sich überzeugten Weltmeisters, keine Pause habe er nach der Tour gemacht, erwähnt Ullrich nicht ohne Stolz, denn ohne einen großen Saisonerfolg habe er sich nicht in die Ferien verabschieden wollen. Gold empfindet er trotz der Abwesenheit von Lance Armstrong als erste Bestätigung für seinen neuen Weg, »für das, was ich die letzten Wochen und Monate angestellt habe«, wie er es ausdrückt. Daran ändert auch die kleine Enttäuschung im Straßenrennen nichts mehr, das ihm nur Platz 13 bringt. Er ist jetzt guter Dinge und sagt: »Ich habe jetzt wirklich keine Lust mehr, bei der Tour immer nur Zweiter zu werden.«

Red Bull
und der Riesenochse

Dass etwas mit ihm nicht in Ordnung ist, merkt Jan Ullrich noch vor Weihnachten. Ein unangenehmer Schmerz im rechten Kniegelenk, am *Femur condylus*, wie sich später herausstellen wird – dort, wo der große Oberschenkelstrecker am Knochen ansetzt. Bereits seit Ende November befand sich Jan Ullrich wieder im Training, doch dabei, das sagt er selbst, habe er »vielleicht etwas übertrieben, ich war übermotiviert und schlank wie nie im Winter«. Vielleicht passierte es beim Krafttraining im Kellergeschoss seines Hauses, keiner kann das so genau sagen. Als die Probleme da sind, lässt er sich untersuchen und legt ein paar Tage Pause ein, doch der Schmerz kehrt zurück beim Trainingslager auf Mallorca Mitte Januar und am Monatsende während der Katar-Rundfahrt – nie zuvor war Jan Ullrich so früh in die Saison eingestiegen. Im Februar häufen sich die Schmerzen. Der Aufenthalt in Südafrika wird unterbrochen, »eine Muskelreizung, nichts Beunruhigendes«, lässt er wissen. Ullrich fliegt zurück nach Südafrika. Und kehrt wieder vorzeitig heim. Das Knie.

An Ostern, am Rande von *Rund um Köln*, äußert sich erstmals Lothar Heinrich zu den Problemen des Patienten, der sich so engagiert und tatendurstig in das Rennjahr gestürzt hatte. Der Teamarzt wirkt nachdenklich und auch etwas ratlos. »Das ist eine außergewöhnliche Verletzung«, stellt er fest,

»sehr selten – und keiner kann im Moment den Heilungsverlauf vorhersagen.« Heinrich betont, es handele sich nicht um einen Ermüdungs*bruch*, keine Fraktur also, er spricht von einer »Reizreaktion, Sehne und Knochen haben der Belastung nicht folgen können«.

Jan Ullrich befindet sich zu dieser Zeit in Merdingen. Er kann nichts tun. Nicht einmal ein paar Kilometer mit Gaby spazieren fahren. Stattdessen ist er im Freiburger Hallenbad regelmäßig die Attraktion, wenn er sein Rehaprogramm abspult. Aquajogging – Wassertreten im Chlorwasser. Wie beim Seniorentraining der AOK. Seine Kollegen fahren derweil ihr Tagespensum, acht Stunden durch den Schwarzwald. Jan Ullrich würde gerne dabei sein. Darf er aber nicht. Das leidige Knie.

Für jemanden, der bis dahin fast ausschließlich für seinen Sport gelebt hat, muss ein Bewegungsverbot ein besonderer Einschnitt sein. »Ich wollte ja diesmal«, sagt Jan Ullrich, und dabei betont er das »wollte«, damit man ihm das auch wirklich abnimmt. Wolfgang Strohband vermutet, die Probleme hätten sich »vielleicht bei heimlichen Extraschichten im Fitnessraum« ergeben. Trainer Peter Becker glaubt dagegen an eine Spätfolge des Sturzes von 1999 bei der Deutschland Tour. Vielleicht lenkt er damit auch nur ab, denn einige haben ihm die Schuld gegeben, weil er Ullrich womöglich zu viele Kilos auf die Beinpresse gelegt haben könnte. Man weiß es nicht.

Was in den kommenden Wochen an weiteren Problemen und Tiefschlägen hinzukommt, verschuldet allerdings kein Arzt und auch kein Trainer. Sondern Jan Ullrich. Er setzt an zum Marsch »durch jedes Fettnäpfchen, das mir im Weg stand«, wie er es ausdrückt. Am Ende wird er am Scheideweg seiner Karriere und wohl auch seines Lebens stehen.

Im Frühjahr 2002 läuft dem Kniepatienten Jan Ullrich die Zeit davon. An den vorgesehenen Start beim Giro d'Italia ist längst nicht mehr zu denken. Die Schmerzen sind zu stark. Sobald er einmal die Intensität seiner Übungen erhöht, muss er abbrechen. Ende April jedoch scheint eine leichte Linderung einzutreten. Becker und Ullrich wollen das Training nun allmählich wieder steigern. Peter Becker hat aus Berlin eine Glaskammer heranschaffen lassen. Sie wird in der Garage aufgestellt: eine abgeschlossene Kabine, ein paar Schläuche und ein Maschinenkasten für das Gasgemisch, drinnen zwei Ergometer. Simuliertes Höhentraining, zwei Stunden bei 120 Watt. Zwischendurch reist Becker für einen Tag nach Berlin, seine Frau hat Geburtstag. Und an diesem Tag ohne »Krisen-Peter« testet sich Jan Ullrich heimlich; mit Andreas Klöden, Dirk Baldinger und dem Berliner Bahnfahrer Eyk Pokorny ist er neun Stunden im Schwarzwald unterwegs. »Es wurde doch schon wieder richtig knapp zur Tour«, verteidigt er sich, »nur noch neun Wochen bis zur Tour«, und er war doch diesmal zu allem bereit, hatte sogar Diät gehalten und dafür einen Privatkoch engagiert. Er *wollte*, »unbedingt«.

Als Peter Becker zurückgekehrt ist, trainieren sie morgens erst in der Kammer, danach wollen sie raus in die Berge. Ullrich, Klöden und dahinter im Wagen ihr Trainer. Sie kommen nicht weit. »Da hat's wohl geknallt«, sagt Becker emotionslos, Ullrich sei sofort vom Rad gestiegen: »Trainer, es geht nicht, es tut weh.« Sie sind gleich in die Klinik gefahren, zur Computertomographie, das Ergebnis fiel nicht erfreulich aus. Jan Ullrich schimpfte und fluchte, als er hörte, er müsse erneut eine Pause einlegen. Er hat auch Peter Becker angemault, »als ob ich da schuld wäre«, sagt der und zieht die Schultern hoch. Becker ist dann in sein Hotel gefahren und hat sich hingelegt, bis morgens um sechs das Telefon klingelte. Gaby Weis rief an, sie war sehr aufgeregt: »Weißt du denn noch nichts?« Jan Ullrich war gerade nach Hause gekommen. Die ersten Stunden des ersten Maitages hatte er auf einer Freiburger Polizeiwache verbracht.

Nachdem er sich von Becker verabschiedet hatte, traf sich Jan Ullrich mit Freunden, obwohl er sie heute nicht mehr so bezeichnen möchte. Es ist zunächst wohl sehr lustig gewesen: Tanz in den Mai, Musik, Rotwein. »Und nichts gegessen«, ergänzt er. Um halb eins verlassen sie das Lokal, Ullrich, Pokorny und eine Errungenschaft aus der Diskothek. Gaby Weis ist nicht dabei. Jan Ullrich, der von sich sagt, seinen ersten Alkohol habe er »mit 17 getrunken, ein Glas Sekt«, ist ordentlich angeheitert, und so missrät ihm auf regennassem Asphalt die Angebernummer mit seinem silberfarbenen Porsche. Er demoliert, wie sinnig, einen Fahrradständer und fährt dennoch weiter. 1,41 Promille stellen die Beamten später fest, sie nehmen Ullrich sogar seine Hose weg. Per Kriminaltechnik werden sie ihm beweisen, dass er mit ihr wirklich auf dem Fahrersitz gesessen hat.

Peter Becker macht sich am nächsten Morgen gleich auf den Weg. Sie frühstücken zusammen, er beruhigt ihn. Anschließend fahren sie zu einem Kniespezialisten nach Nürnberg. Unterwegs informieren sie Wolfgang Strohband, er muss sich um einen Anwalt kümmern. Becker redet auf Ullrich ein. Auch Pokorny knöpft er sich später vor, er kennt den Wortlaut noch sehr genau. »Na, du bist ein schöner Freund«, schreit er ihm ins Gesicht, »du bist ein Penner! Auf seiner Pisse Kahn fahren, das könnt ihr alle – aber ihn vor so etwas bewahren, das könnt ihr nicht.« Peter Becker, so heißt es, habe ein ziemlich gutes Gedächtnis.

Natürlich steht die Geschichte einen Tag später in der *Bild*-Zeitung. Der schöne Porsche ist zu sehen. Rudy Pevenage verteidigt den Bruchpiloten. »Er fährt sonst niemals mit dem Porsche raus«, betont er, »aber eine Woche vorher fährt ein Lkw seinen Audi kaputt.« Eine dumme Sache. 1700 Euro Sachschaden hat der Porsche hinterlassen. Dazu: Unfallflucht, Alkohol am Steuer, ergibt ein Jahr Führerscheinentzug.

Wenige Tage später steht Jan Ullrich wieder groß in der Zeitung. Er muss die Tour absagen. Das Knie macht nicht mit. Die Ärzte haben ihm zu einer vierwöchigen Trainingspause geraten, sie wissen auch nicht weiter. Sein Freund Dirk Baldinger hört ihn lamentieren, »Baldes, du hattest es doch auch am Knie, warum bin ich krank, liegt das an mir?«

Ende Mai wird Jan Ullrich am Knie operiert, ein Hamburger Arzt entfernt ihm zwei Schleimbeutelfalten. Zur Nachbehandlung hält er sich im *Medical Park St. Hubertus* in Bad Wiessee am schönen Tegernsee auf. Der Name der Klinik steht einige Wochen später in jeder Zeitung, zum Start der Tour de France.

Seine Mutter erfährt es von ihm am Telefon. Eigentlich hätte es ihr auch Wolfgang Strohband sagen können. Er ist gerade bei ihr in Papendorf, Strohband verhandelt für sie über das Grundstück für das neue Haus. Das kann er. »Und du, Marianne«, kündigt er zwischendurch an, »Jan ruft dich gleich mal an, er muss dir etwas sagen.«

Sie: »Was Schlimmes? Nun sag schon!«

Er: »Nee, lass mal, das soll er dir selber sagen.«

Jan Ullrich ruft bald an bei Marianne Kaatz, er erzählt seiner Mutter, was passiert ist und dass sie für eine Zeit weggehen würden, sie solle sich doch bitte keine Sorgen machen. Macht sie sich natürlich doch, und sie ist enttäuscht von ihrem Jungen, nicht nur, weil er ja mit Gaby und deren Eltern eigentlich zur ihr an die Ostsee kommen wollte, »es war ja alles schon gebucht«. Marianne Kaatz hätte sich einen solchen

Absturz ihres Sohnes nicht vorstellen können, »und so ganz«, gibt sie zu, »habe ich ihm das bis heute nicht verziehen«.

Ende Juni hatte Jan Ullrich Post erhalten. Einen Standardbrief, per Einschreiben, mit Rückschein, vom Bund Deutscher Radfahrer. In dem Brief konnte Jan Ullrich lesen, dass eine am 12. Juni in Bad Wiessee vorgenommene Dopingkontrolle in der A-Probe positiv auf Amphetamine ausgefallen sei. Er habe das nicht glauben können, sagt er. Ullrich telefoniert hektisch, er informiert Wolfgang Strohband. Zunächst wird nur ein kleiner Kreis eingeweiht. Die Chefs von der Deutschen Telekom haben es zeitgleich mit Jan Ullrich erfahren, sie haben ganz gute Verbindungen. Sie laden Ullrich in die Firmenzentrale nach Bonn ein. Er setzt sich in den Zug, weil er ja keinen Führerschein hat, und trifft Ron Sommer, den Boss der Telekom. Auch Jürgen Kindervater ist dabei, Kommunikationsdirektor des Konzerns. Ullrich sei »verunsichert« gewesen, sagte er, »sehr verunsichert, sehr verwirrt«.

Rudy Pevenage erfährt die Nachricht etwas später, er befindet sich auf der Autobahn in Richtung Luxemburg, dort startet in zwei Tagen die Tour. Ihm fällt auch diesmal nicht das Telefon aus der Hand, aber er muss einen Moment anhalten.

An diesem Tag verbreitet sich die Nachricht wie ein Waldbrand in den ausgetrockneten Pinienwäldern Südfrankreichs. Die Nachrichtensendungen in Deutschland beginnen abends mit der Meldung vom Dopingverdacht. Sie zeigen Bilder von der Klinik in Bad Wiessee, wo sich Ullrich den kompletten Juni über aufgehalten hatte. Als der mediale Orkan losbricht, versucht sich Jan Ullrich in einer Berghütte zu sammeln, die Leute von Telekom haben ihn dorthin in Sicherheit gebracht. Am Tag darauf ist er schon wieder in Oberbayern, in Bernried am Starnberger See bei München.

Jan Ullrich kommt dort zwei Tage bei Jürgen Kindervater unter. Sie besprechen, was alles auf Ullrich zukommen wird und was er auf die vielen Fragen entgegnen soll, die er am Tag des Tourstarts hören würde. Jan Ullrich nennt ihn heute den »schlimmsten Tag meiner Karriere«.

An diesem Samstag Anfang Juli steigt nachmittags in der Innenstadt von Luxemburg der Prolog der Tour de France 2002, Lance Armstrong gewinnt ihn. Jan Ullrich hält sich 250 Kilometer entfernt in Frankfurt auf, Jürgen Kindervater chauffiert ihn zur Verbandszentrale am Waldstadion. Jan Ullrich gibt dort eine Pressekonferenz, sie ist als öffentliche Beichtstunde vorgesehen, das Fernsehen überträgt sie live. Er trägt eine schwarze Armanijeans und ein graues Karohemd mit dem Logo seines Arbeitgebers, und als er vorne Platz nimmt und ein Gewitter aus Blitzlichtern über ihn hereinbricht, haben sich unter seinen Ärmeln schon Schweißflecken gebildet. »Jan, bitte mal nach rechts«, ersucht ihn einer aus der Meute, und der Jan dreht natürlich seinen Kopf. Im Türrahmen steht Kindervater, er atmet tief ein und wieder aus. Der Blutdruck. Er ist sehr aufgeregt.

Und dann erzählt Jan Ullrich, halbwegs seine Nervosität kontrollierend, im Konferenzsaal der Landessportschule seine Geschichte. Wie er am Abend des 11. Juni mit Bekannten losgezogen sei nach München, in einer Diskothek dank reichlich *Red Bull* mit Wodka ordentlich in Schwung gekommen sei und wie dann jemand, weit nach Mitternacht, zu ihm gesagt habe: »Nimm das, hab ich auch schon verschrieben bekommen gegen Depressionen.« Er wisse, wer der Mann gewesen sei, aber er wolle den Namen nicht nennen, und er habe auch nicht gewusst, was für Tabletten das waren. Es sei ihm auch egal gewesen. »Ich war ziemlich am Boden, in einer kleinen Lebenskrise. Aber ich war ja nicht im Training«, sagt er, »ich war seit Mai krankgeschrieben. Ich habe noch nie eine verbotene Substanz probiert, um meine Leistung zu verbessern. Es ist für mich kein Doping, es war einfach ein Riesenochsenfehler.«

Nach einer halben Stunde hat er es überstanden, er zieht seine Lederjacke an und verschwindet dann durch den Hinterausgang. Mit sich nimmt er Ängste und Zweifel. »Das Schlimmste waren die Sorgen um die Zukunft«, sagt er heute, und dazu die Unsicherheit, »ob die Leute mir das alles glauben und verstehen, dass ich nicht im Training war«. Die meisten Menschen haben ihm das offenbar geglaubt, obwohl er den ominösen Pillenspender nicht preisgab und ihm die verbotene Substanz auch zur Motivation für die lästige Reha-Arbeit hätte dienen können, zumindest wäre das ja denkbar. Rudy Pevenage glaubt ihm sowieso und betont, sein Fahrer hätte doch, als die Kontrolleure zufällig am Tag nach der Disconacht bei ihm vorsprachen, »erst mal einen Tag gewinnen können, weil es doch komisch ist, dass man einen in der Klinik kontrolliert, aber er hat deshalb auch niemanden von uns angerufen, weil er ja an nichts Verbotenes gedacht hat«. Jan Ullrich umgeht eine solche Logik, die wohl zum Radsport gehört, er »akzeptiert, dass ich jetzt zum ersten Mal in meiner nun doch schon langen Laufbahn getestet wurde«. Er nennt seinen Fall eine unentschuldbare Dummheit, »ich war naiv«, gesteht er, »verdammt naiv«.

Von Frankfurt aus fliegt Jan Ullrich zunächst in die USA nach Seattle. Dort empfängt ihn die Tochter von Jürgen Kindervater, sie organisiert seine Weiterreise nach Kanada, in die Rocky Mountains. Nicht einmal die Fahnder von *Bild* spüren ihn dort auf. Sie suchen Ullrich in Florida, weil er dort schon oft im Urlaub gewesen ist, und am nächstfolgenden Tag veröffentlichen sie Fotos von einer Ferienanlage in der Karibik. Sie vermuten ihn jetzt dort.

Gaby Weis ist bei ihm in Kanada, ebenso ihre Schwester und deren Mann sowie ein Manager von *adidas*; er ist als Freund da und nicht als Geschäftspartner. Ullrichs Handy bleibt ausgeschaltet, nur über Gabys Mobiltelefon sind sie manchmal zu erreichen. Er wolle »jetzt einen Schnitt machen und mein ganzes Leben umstellen«, hatte Jan Ullrich vor seiner überstürzten Abreise hinterlassen. In Kanada will er das erledigen, in seinem Kopf. Ullrich: »Ich musste runterkommen und mich sammeln und mir Gedanken machen, was ich überhaupt will, und ich musste Gaby viele Dinge erklären.« Und so manches vielleicht auch sich selbst. Er habe immer darauf gewartet, sagt Jan Ullrich, dass ihre Beziehung einmal vor einem größeren Problem stehe, »und ich habe mich oft gefragt, ob wir dann zusammenhalten oder die Liebe zerbricht«. Sie hält, »und entscheidend für mich war«, sagt Gaby Weis, »dass sich Jan Zeit zum Reden genommen hat«. Viel Zeit sogar. Auf gut fünf Wochen verlängern sie ihren Aufenthalt, sie gehen wandern und schwimmen und fahren Mountainbike, und zwischendurch bekommt Jan Ullrich mit, dass Lance Armstrong zum vierten Mal die Tour gewinnt.

Zu Hause wird in dieser Zeit diskutiert, ob Jan Ullrich wohl noch einmal zurückkehrt auf die Rennstrecke und ob ihn Telekom entlässt. Wer dopt, fliegt raus, so ähnlich lautet ein Kernsatz im Kleingedruckten der Verträge. Jürgen Kindervater sagt dazu in diesen Tagen den schönen Satz: »Wir müssen uns jetzt vor allem um den *Menschen* Jan Ullrich kümmern.« So richtig ist ihnen das allerdings gar nicht möglich in diesen turbulenten Wochen. Denn Ende Juli musste Firmenchef Sommer gehen. Der Konzern, das betont Kindervater, habe Ullrich jedoch juristisch beraten lassen und zudem seinem Management angeboten, den bis Ende 2003 gültigen Vertrag bis zur Klärung des Strafmaßes vorerst nur ruhen zu lassen. Strohband entgegnet, Telekom habe den Vertrag später »richtig gekündigt«.

Bei der Tour müssen sich die Verantwortlichen der Mannschaft daran gewöhnen, dass ein Abwesender eher im Mittelpunkt des Interesses steht denn der Kampf von Erik Zabel um das Grüne Trikot oder das jämmerliche Abschneiden in den Bergen. Sportdirektor Rudy Pevenage diktiert den Journalisten, das sei »eine Tour, um sie zu vergessen«. Sein Vorgesetzter Walter Godefroot klingt unversöhnlich, wenn er über den allgegenwärtigen Überseeurlauber spricht. »Ich weiß nicht, ob Jan noch Radfahrer ist, er hat uns doch schon so viel versprochen.« Godefroot ist gereizt.

Jan Ullrich kehrt nach Deutschland zurück, er hat für sich alle Dinge geregelt. Er lässt noch einmal sein Knie operieren, in München, die erste OP hatte nicht den gewünschten Erfolg gebracht. Seinen Manager beauftragt er damit, Angebote anderer Teams einzuholen. Denn er möchte unbedingt weitermachen. Allerdings nicht beim Team Telekom. Er hat die Zweifel an ihm mitbekommen, und dass sie den Vertrag aufkündigen wollen und dazu seine Bezüge in einem neuen Angebot deutlich reduzieren, fördert seinen Drang zum Abschied. In Kanada habe er sich bereits geistig von Telekom getrennt, berichtet Jan Ullrich, »das Babysittersystem, die Bevormundungen«, all das wolle er bei einem Neuanfang hinter sich lassen, »außerdem habe ich gespürt, dass sie mir nicht mehr so vertraut haben, dass ich es alleine schaffe«.

Peter Becker nennt den Druck, den Telekom mit seiner Kontrollmethode erzeugt habe, »das Falscheste, was es gab für einen so großzügigen Menschen wie Jan Ullrich. So ein System hatten wir ja in der DDR, wo man am Ende der Woche abrechnen musste, wie viele Kilometer man gefahren war.« Wolfgang Strohband erläutert, auf das veränderte Angebot von Telekom habe »der Jan deshalb gar nicht mehr reagiert, er hatte sich längst entschieden für ein neues Umfeld«. Strohband bezeichnet später die Verhältnisse bei Telekom als »goldenen Käfig«, der Umgang habe ihm selbst missfallen. Sie hätten Ullrich vor jeder Pressekonferenz instruiert, was er sagen solle, und auch bei den Einträgen auf der Internetseite hätte es oft Ärger gegeben, »da musste im Grunde fast jedes Wort besprochen werden«. Das alles sei ihnen aufgestoßen, im achten Jahr beim Team Telekom.

Ende September macht Jan Ullrich seine Entscheidung öffentlich. Team Telekom ist überrascht, in einer ersten Reaktion klingt der Direktor Kindervater sehr beleidigt, »als Sportler«, lamentiert er, »hätte man diesem Team nicht mehr antun können, als es Jan Ullrich getan hat«. Er hält ihn in diesem Moment für undankbar.

Wo der Neuanfang stattfinden soll, ist da schon längst geklärt. Bei Bjarne Riis, bei seinem Freund, bei dessen Rennstall CSC. Riis reagiert erfreut auf Ullrichs Abschied von Telekom und findet, »dass Jan zum ersten Mal in seinem Leben allein eine Entscheidung getroffen hat«. Schon während der Tour hatte Strohband Kontakt zu ihm aufgenommen, und Riis telefonierte seitdem häufiger mit seinem früheren Teamgefährten. Noch im August gibt ihm Ullrich seine Zusage, er möchte unbedingt wieder Rennen fahren. Er akzeptiert eine halbjährige Sperre wegen Medikamentenmissbrauchs und eine Strafzahlung an das Amtsgericht München wegen Verstoßes gegen das Betäubungsmittelgesetz. »So konnte und wollte ich nicht aufhören«, bekräftigt Jan Ullrich, »in Kanada ist mir klar geworden, wie wichtig mir mein Sport ist.« Vielleicht ist ja der Sport bis dahin fast alles gewesen, was er besessen hat. Das hatte schon im Juli während der Pressekonferenz in Frankfurt die Präsidentin des Radsportverbandes, Sylvia Schenk, vermutet, als sie sagte, Jan Ullrich habe »doch nur sein Radfahren«.

Riis und Strohband haben inzwischen einen Geldgeber aufgetan. Es ist die Deutsche Post, mehrfach reisen die beiden zur Konzernzentrale nach Bonn, doch im Oktober platzt der geplante Deal. Die Post verkündet die bevorstehende Entlassung Tausender Beschäftigter. Sie möchte jetzt lieber nicht in ein zweimal operiertes Knie investieren. Strohband, der den Wechsel seines Mandanten bereits als sicher angekündigt hatte, nimmt Abstand. Wegen des fehlenden Geldes, obwohl er nun öffentlich kundtut, Riis' Mannschaft sei zu schlecht besetzt. Bjarne Riis entgegnet dem, Jan Ullrich habe »zu viel Geld verlangt, das hat mich einen Sponsor gekostet«. Wie auch immer, Riis kann Ullrich schlichtweg nicht bezahlen.

Es wird noch anderen so ergehen.

Schneller
als die Straßenbahn

Den Schnitt, den Jan Ullrich angekündigt hat, vollzieht er auch in seinem Privatleben. Er zieht weg aus Merdingen. Ende November stehen die Möbelwagen vor der Tür, die wenigsten wissen davon. Ein Abschiedsfest gibt es nicht. Es wirkt wie eine Flucht aus dem Ort, in dem er erstmals so etwas wie Heimat erlebt hatte, doch Jan Ullrich fühlte sich am Ende wohl erdrückt von der Zuneigung und der Nähe, sie wurden ihm zur Belastung. Sein Freund Dirk Baldinger sagt, sie hätten abends nirgendwo mehr hingehen können, »ob bei uns oder in Freiburg – wo Jan war, bildete sich eine Traube«. Täglich klingelten zudem fremde Menschen an seiner Tür, sie fragten nach Autogrammen oder nach einem gemeinsamen Foto. Vor seinem Haus hielten sogar Touristenbusse.

Vor allem aber wollte Jan Ullrich mit seinem Umzug jenen ein Zeichen geben, die er inzwischen als »falsche Freunde« bezeichnet. Wenn man lange an ein und demselben Ort wohne, sagt er etwas diffus, bilde sich »hintendran ein Rattenschwanz, der mit dir feiern will, dich zur Party motivieren möchte«. Jeden Tag seien Leute zu ihm gekommen – und er meint damit nicht einmal seine Bekannten aus Merdingen – »ich konnte nicht mehr zwischen richtigen und falschen Freunden unterscheiden, zu viele wollten mich immer in ihre Sachen mit reinziehen«. Er ist abends sehr oft lange unterwegs gewesen. Jetzt wollte er das nicht mehr.

Jan Ullrich entscheidet sich für die Schweiz, für Scherzingen, ein Städtchen im Kanton Thurgau am Bodensee. Er kannte die Gegend von der Tour de Suisse und von Trainingsfahrten, eineinhalb Stunden sind es von dort mit dem Auto nach Merdingen. Der Seeblick und das milde Klima gefielen ihm. Er wusste jedoch nicht, ob Gaby mit ihm gehen würde, in ihrer Beziehung kriselte es seit der Unfallfahrt im Porsche ohnehin. Seine Mutter glaubt sogar, »dass er das auch ohne sie durchgezogen hätte, auch wenn das hart klingt, aber er hielt es in Merdingen einfach nicht mehr aus«. Jan Ullrich bezeichnet den Umzug als »Bewährungsprobe für unsere Beziehung«, und nach vielen Gesprächen habe »Gaby eingesehen, dass wir uns verändern müssen«. Zudem verbindet sie neuerdings ein kleines Geheimnis: Gaby Weis ist schwanger. Ein Wunschkind, sie haben sich jetzt endgültig füreinander entschieden. Sie behalten ihr Geheimnis zunächst für sich.

Jan Ullrich ist in diesen Wochen der Veränderungen so entschlossen, dass er sich im Alleingang für das cremefarbene Einfamilienhaus in Scherzingen entscheidet, obwohl ihm Wolfgang Strohband eher zum Zuwarten rät. Noch besitzt er ja keinen neuen Arbeitgeber, und seine Werbeverträge laufen allesamt aus, nur der mit *adidas* hätte fortbestanden, doch der Ausrüster hatte die Zusammenarbeit nach der positiven Dopingprobe umgehend gekündigt. Jan Ullrich unterschreibt trotzdem den Kaufvertrag. Er möchte solche Dinge jetzt selbst entscheiden.

Wolfgang Strohband tut derweil seine Arbeit. Er trifft sich nach der Absage an Riis Mitte November erstmals mit dem Mann, der Jan Ullrich kaufen möchte. Er heißt Günther Dahms. Ein untersetzter Mann, Anfang 50, mit Brille und Bierbäuchlein. Ihm gehört der *Coast*-Rennstall, benannt nach seinen Boutiquen, in denen Dahms zwischen Köln und

Oberhausen Freizeitkleidung für junge Menschen verkauft. Dahms nennt sich selbst einen »radsportverrückten Chaoten« oder auch »vorbestraft wegen Radsport-Geilheit« und hat seinen zweifelhaften Ruf insofern eindrucksvoll bestätigt, als er nun schon länger im Clinch liegt mit dem Radsport-Weltverband und den Profis seines Rennstalls. Wegen Unregelmäßigkeiten bei der Zahlung von Steuern und Sozialabgaben. Seinen Rennstall hatte er mit viel Geld aus seinem Privatvermögen in ein Team der ersten Kategorie verwandelt und dabei völlig überzogene Gehälter an alternde Stars wie den Schweizer Alex Zülle oder den Spanier Fernando Escartín gezahlt. Wolfgang Strohband fand Günther Dahms »gleich sympathisch«.

Dahms' Angebot klingt wirklich verlockend, gut zwei Millionen Euro jährlich will er Ullrich überweisen. Drei Jahre lang. Zudem dürfe er Rudy Pevenage mitbringen und auch Tobias Steinhauser, seinen neuen Trainingspartner. Jan Ullrich hatte Pevenage gefragt, ob er bereit sei mitzugehen, und noch vor Silvester kündigt Pevenage tatsächlich seinen Handschlag-Vertrag mit Walter Godefroot. Der Skandal um Ullrich hat in ihrem Verhältnis Spuren hinterlassen. »Walter und ich hatten in diesem Fall ganz unterschiedliche Positionen«, sagt Pevenage heute. Nach dem Bruch redet Godefroot kein einziges Wort mehr mit ihm.

Strohband und Dahms wiederum nähern sich in dieser Zeit an. Er habe bereits drei namhafte Geldgeber an der Hand, und notfalls, tönt Dahms, »kann ich das ein Jahr auch allein bezahlen«. Wolfgang Strohband informiert sich bei den angeblich interessierten Sponsoren (*RWE*, *Coca Cola* und *UPS*) und erhält dort tatsächlich eine Bestätigung. Allein die millionenschwere Bankbürgschaft, die der Weltverband verlangt, fehlt Dahms. Er versichert: »Die krieg ich am 15. Januar, wenn ein Sponsorenvertrag unterschrieben ist.«

Strohband gesteht heute, er habe damals wohl einen Fehler gemacht, der Vertrag mit Dahms »war jedenfalls nicht hundertprozentig abgesichert«. Trotzdem habe man unterschrieben, weil ja Dahms' Bücher in Ordnung gewesen seien. Bis nachts um halb vier saßen sie zusammen in Strohbands Hamburger Büro: Pevenage, Ullrich und Steinhauser. Frau Strohband brachte immer wieder frischen Kaffee rein, bis Rudy Pevenage meinte, es sei doch jetzt genug diskutiert: »Komm, gib her, ich unterschreib das jetzt.«

Mitte Januar tritt Jan Ullrich wieder ins Rampenlicht. Mit Strohband ist er zum *Casino Zollverein* auf das Essener Zechengelände gefahren, über holprigen Asphalt und an grauen Wohnblocks vorbei, durch das Herz des Ruhrgebiets. Hier präsentiert Dahms in einer schicken Eventhalle seinen neuen Star, von dessen Verpflichtung er heimlich geträumt hat, seitdem er Ullrich als Zaungast an der Rennstrecke von Sydney zum Olympiasieg hatte fahren sehen. Ullrichs neue Mannschaft erscheint den Experten gut besetzt, neben Zülle gehören ihr auch die starken spanischen Bergfahrer Manuel Beltrán, Aitor Garmendia, David Plaza und Angel Casero an. Und außerdem ein guter Freund: André Korff steht ebenfalls bei Coast unter Vertrag.

Als sich die Fotografen auf der Bühne wie üblich vor Ullrich balgen, stehen Dahms und Strohband im Hintergrund. Strohband grinst. »Manche haben sicher gemeint, der Jan habe keine Strahlkraft mehr«, raunt er, »aber danach sieht das hier ja wohl nicht aus.« Oben sitzt sein Verkaufsschlager und beteuert seine neue Selbständigkeit und seinen Ehrgeiz, seinen Willen zum Comeback. »Ich bin heiß«, sagt er, nach einem Aufbaujahr wolle er »2004 noch einmal nach der Krone greifen, nach dem Toursieg«. Und Jan Ullrich versichert, dass er nun eingesehen habe, »dass ich wohl noch nie am Limit war und zwei, drei Jahre nicht hundert Prozent aus mir rausgeholt hab, sondern nur neunzig oder fünfundneunzig«. Rudy Pevenage steht ein paar Schritte weiter und sagt leise: »Es war noch viel weniger.«

Jemand, der Ullrichs Versprechen fortan ganz gut überprüfen kann, ist Tobias Steinhauser. Manche haben sich gewundert, als Jan Ullrich früh verlauten ließ, Steinhauser werde bei seinem Neuanfang dabei sein. Sie kannten Steinhauser nicht. Dabei ist er, wie er ganz uneitel findet, »selber schon ein paar Sachen ganz gut gefahren«. Der Allgäuer war Fünfter der WM 2000, zwei Jahre später als Co-Kapitän von Team Gerolsteiner Dritter der Deutschland Tour, und er gewann ein Zeitfahren bei der Tour de Suisse. Ullrich kennt er seit Juniorenzeiten, sie fuhren zusammen im Nationalteam. Sie hätten sich beide nie aus den Augen verloren, erzählen beide. Heute sagt Jan Ullrich über ihn: »Steini ist für mich ein richtiger Freund.«

Nicht immer hat sich Jan Ullrich mit den richtigen Freunden umgeben, doch wahrscheinlich ist es ganz gut gewesen, dass ihn Steinhauser nach der Rückkehr aus Kanada einfach mal angerufen hat. »Als es dem Jan richtig beschissen ging« und er selbst ohne neuen Vertrag war. »Willst du noch einmal richtig Rad fahren?«, hat Steinhauser ihn gefragt. Und Ullrich zu sich eingeladen. Steinhauser ist ein vernünftiger Kopf, der gelernte Schmied lebt in Scheidegg oberhalb des Bodensees. Sie haben zwei Tage und zwei Nächte gequatscht, und nach der Klausur stand für Ullrich fest: »Wir machen was zusammen, im Paket, wo auch immer.« Seitdem nannten einige Steinhauser etwas abfällig Ullrichs »Leutnant«, seinen Wasserträger. Irgendwie ist es ja auch so gewesen, denn Steinhauser entschied sich für eine gemeinsame Zukunft und »gegen eigene Ambitionen«. Das war ihm schon im Winter klar, als er Ullrich nicht allein ließ.

Jan Ullrich hat sich von dem Freund führen lassen. »Wir

haben uns im Winter so vorbereitet, wie ich das immer gemacht habe«, erläutert Steinhauser selbstbewusst. Er meint wohl seriös. Zum Jahresbeginn absolvierten sie am Bodensee erste gemeinsame Touren, »im Touristentempo«. Noch war das Knie nicht voll belastbar. Steinhauser radelte nebenher als guter Geist, sein eigenes Training ließ er sausen. Im Februar ziehen sie dann in die Toskana, Steinhauser kennt die Gegend aus seinen früheren Profijahren in Italien. Er vermittelt Jan Ullrich und seiner Freundin einen Landgasthof im verschlafenen Bergdorf Montecarlo bei Lucca. Und etwas von der italienischen Lebensart. Sie sitzen dort abends mit den Familien bei Pasta und Rotwein zusammen, und morgens kommen zum Training schon mal italienische Asse wie Mario Cipollini oder Michele Bartoli vorbei. Täglich sechs, sieben Stunden Ausfahrt, anschließend schindet sich der Kniepatient noch unter der Anleitung seiner neuen Physiotherapeutin. Krankengymnastik, Kräftigungsübungen, Massage.

In der Toskana, das sagt Jan Ullrich, habe er erlebt, »dass Training auch Spaß machen kann – sechs Stunden Training kamen mir da oft vor wie drei«.

Ullrich und Steinhauser lassen sich in diesen Wochen nicht einmal von den schlechten Nachrichten aus Deutschland die Laune verderben. Es sind wirklich keine guten Nachrichten. Team Coast bekommt Anfang März vom Weltverband UCI die Lizenz entzogen. Es fehlen Abrechnungsbelege für die Überweisung der Februargehälter. Jan Ullrich wundert das nicht. Er hat auch noch kein Geld überwiesen bekommen. Der Modemillionär Dahms hat sich offenbar verspekuliert, einen Star auf Pump gekauft, das ist der Eindruck. Der Sponsorenvertrag mit einer der interessierten Großfirmen kommt nicht zustande. Wolfgang Strohband meint hierzu, Dahms habe sich in den Verhandlungen ungeschickt benommen und versucht, die möglichen Geldgeber gegeneinander auszuspielen. »Er hat es einfach versaut.«

Die kommenden Wochen nerven nicht nur Jan Ullrich. Günther Dahms kann die UCI nicht zufrieden stellen. Erst nach knapp zwei Wochen erhält Team Coast die Lizenz zum Fahren zurück, kurz vor dem Weltcuprennen Mailand–San Remo. Jan Ullrich könnte es ja eigentlich egal sein, er ist bis zum 23. März gesperrt und überdies noch nicht renntauglich. Doch in der Mannschaft ist die Stimmung im Keller, denn sie durfte bisher keine Rennen fahren. Und Geld fehlt manchen immer noch.

Und dennoch bleibt Jan Ullrich nicht einen Morgen im Bett liegen. Er trainiert konsequent wie vielleicht noch nie. »Er hat das jeden Tag durchgezogen«, sagt Tobias Steinhauser, »wir haben uns gegenseitig nach vorne gepusht.« Ullrich lässt sich nun nicht einmal von der für das Team existenzbedrohenden Situation ablenken. Er habe »in diesem Jahr alles alleine gemacht«, verkündet Ullrich stolz, »und das machte mir dann plötzlich mehr Spaß, wenn man kreativ sein darf und ich selbst entscheide, wann ich losfahre, was ich trainiere, welche Wettkämpfe ich fahre und was ich esse und alles andere.« Er fühlte sich befreit.

Und dann kehrt plötzlich seine Form zurück, wie so oft bei diesem Ausnahmeathleten, der sich wie kein anderer mit Verspätung aus dem Winterschlaf zurückmelden kann und trotzdem mindestens Platz zwei belegt beim schwersten Wettkampf überhaupt. Diesmal erwacht Ullrich bereits Mitte März. Steinhauser erzählt: »Bis dahin hatte ich Jan wirklich gut im Griff, doch auf einen Schlag hatte er sich wahnsinnig verbessert – und ab da musste ich aufpassen, dass du beim Training mit ihm nicht kaputt gehst.« Jan Ullrich meint, er habe sich »einfach nur gedacht, dass ich ja irgendwann wieder am Start stehe – und dann wollte ich auch gut fahren können«.

Der Tag seiner Rückkehr, seiner Premiere im hellblauen Coast-Trikot ist für den 8. April vorgesehen, beim *51. Circuit cycliste de la Sarthe*. Ein kleineres Etappenrennen durch Westfrankreich. Doch als er auf dem Flughafen von Nantes ankommt, empfängt ihn Strohband mit einer schlechten Nachricht: »Du, es ist immer noch nichts klar.« Es geht diesmal um Ullrichs Lizenz. Dahms hat die notwendige Banksicherheit für das Millionengehalt seines Stars nicht beim Weltverband UCI hinterlegen können. Er hat sich nun offenbar endgültig verstrickt im Irrgarten seiner Kreditlinien. Ullrich will wieder abreisen, mit der Maschine um 17.50 Uhr über Lyon nach Zürich. Rudy Pevenage bittet ihn zu bleiben. Er arbeitet an einer Lösung.

Die Rettung erreicht Pevenage erst am späten Abend. Durch das Faxgerät. Er zeigt in der Hotellobby ein Papier mit einem kleinen Wappen, es ist der Briefkopf der italienischen Ausrüsterfirma *Bianchi*. Das Unternehmen hatte sich nach stundenlangen Telefonkonferenzen bereit erklärt, als Co-Sponsor bei Coast einzusteigen. Pevenage, der einstige Klassiker-Spezialist, hatte seine Beziehungen spielen lassen. Jan Ullrich darf am anderen Morgen starten.

Es gibt in Nantes schönere Flecken für ein Comeback als den Boulevard Mellerand, etwa die Cathédrale St. Pierre, dort ruht in Frieden François II., letzter Herzog der Bretagne. Doch Jan Ullrich lächelt befreit, als er sich zum abgelegenen Startbereich der Sarthe-Rundfahrt in ein hässliches Wohnviertel am Stadtrand begibt. Es ist sein erstes Rennen seit 14 Monaten. Das ist eine lange Zeit, und zwischendurch, erzählt er den angereisten Journalisten aus Deutschland, habe er durchaus daran gezweifelt, ob das Warten und die Schinderei noch Sinn machten. »Aber das waren nur kurze Momente, zum Beispiel als dieser Befund kam.« Der Befund von Bad Wiessee.

Dann nimmt neben ihm ein guter Bekannter Aufstellung, es ist Lance Armstrong. »Welcome back«, sagt er und gibt ihm die Hand, und dann gratuliert ihm der Amerikaner noch kurz zur bevorstehenden Vaterschaft. Small talk. 188,4 Kilometer dauert die erste Etappe nach Fontenay-le-Comte, Ullrich belegt im Vorderfeld Platz 22. Er sieht gut aus für diese Jahreszeit, kein Bauch und keine vollen Wangen und deutlich unter 80 Kilo. Der Mecklenburger Jens Voigt kann Steinhausers Trainingseindruck hinterher nur bestätigen. »Er macht einen guten Eindruck«, berichtet der in Frankreich tätige Profi als Augenzeuge, »er fährt schon wieder seinen alten Stil: die Hände an den Bremsgriffen, immer sehr aufrecht, nach dem Motto: ›Fahren wir schon schneller, oder wieso gehen gerade alle fliegen?‹«

Jan Ullrich »brummen« nachher die Beine, trotzdem sitzt er putzmunter in der schaurigen Herberge *Les Elies*, einer jener Absteigen, die Veranstalter von Radrennen ungeniert ihren Fahrern reservieren. Er schwärmt von seinen Gefühlen, die ihn morgens überwältigt hatten, »ich war so glücklich, die Kollegen wieder zu sehen und habe jetzt wieder richtig Spaß am Radfahren«. Seine Worte mögen kitschig klingen, doch man nimmt ihm das jetzt tatsächlich ab, dass er sich ein zweites Mal in seinen Sport verliebt hat und dass da jemand in den letzten Monaten nachgedacht hat über sein Leben, über seine Ziele und sich selbst. Jan Ullrich verkündet dann noch, er sei »jetzt ein neuer Mensch«.

Dass die Menschen in Deutschland ihn nicht vergessen haben, bemerkt Jan Ullrich am Osterwochenende. Erstmals seit 573 Tagen nimmt er wieder an einem Rennen auf deutschem Boden teil, und als sich Jan Ullrich nach viereinhalb

Stunden dem Kölner Rheinufer nähert und dabei eine Straßenbahn überholt, erlebt man ihn ausgelassen wie bislang nicht in seiner Laufbahn. Viele tausend Menschen empfangen ihn euphorisch wie einen Popstar, junge Mädchen und rüstige Damen kreischen ihm hinterher, als sei soeben Robbie Williams nur mit einem Oberhemd bekleidet eingetroffen. Jan Ullrich fährt freihändig herein, auf den letzten Metern klatscht er die Zuschauer ab, so groß ist seine Freude. Er hat *Rund um Köln* gewonnen, das rheinische Traditionsrennen durchs Bergische Land, nach einer Solofahrt über mehr als 50 Kilometer. Ein fulminanter Sieg, trotz der mäßigen Besetzung des Rennens, und sein erster seit Lissabon im Oktober 2001. Für ihn hat er in diesen Minuten vielleicht den Wert einer Weltmeisterschaft.

In Köln wirkt Jan Ullrich endgültig befreit von einer Last, während des Rennens und auch danach. Selbst seine engsten Vertrauten hat er mit seiner offensiven Fahrweise überrascht, und später, vor den Leuten mit den vielen Fragen, gibt er sich so gelöst und offen, dass man sich still über ihn wundert. Er erzählt allen noch einmal, was Tobias Steinhauser und Jens Voigt aus nächster Nähe erlebt haben, dass er seine Wandlung von einem manchmal bequemen Ultratalent zum geläuterten Athleten nun endlich vollzogen habe, jetzt, mit 29. »Ich habe im Winter viel Umfang trainiert«, sagt Ullrich, »ich habe auf Ernährung geachtet – ich habe einfach darauf geachtet, Fehler, die ich lange gemacht habe, diesmal nicht zu machen. Ich habe immer gesagt, wenn ich wieder anfange, werde ich mein Potenzial zum ersten Mal wirklich ausreizen. Das heißt, ich werde auch im Training erstmals an meine Grenzen gehen.« Und dann ergänzt Jan Ullrich noch: »Ohne die Vorfälle im letzten Jahr wäre ich sicher nicht der Mensch, der ich jetzt bin.«

Nach Köln fährt Jan Ullrich die schweren belgischen

Rennen *Flèche Wallone* und *Lüttich–Bastogne–Lüttich*. Früher hat er sie meistens ausgelassen. Seit Köln, sagt Rudy Pevenage, »habe ich geglaubt, dass es jetzt endlich aufwärts mit ihm geht«.

Mit dem Team Coast geht es abwärts. Es wird Anfang Mai zum zweiten Mal von der UCI suspendiert. Diesmal sind die Belege für den Monat April nicht komplett. Jan Ullrich soll eigentlich an der Asturien-Rundfahrt in Spanien teilnehmen. Daraus wird nun nichts. Ullrich fährt daheim in der Schweiz zum Training aus, und Rudy Pevenage gründet mit seinem holländischen Partner Jacques Hanegraaf eine Firma. In Zusammenarbeit mit Bianchi möchten sie den Rennstall übernehmen. Sie haben genug von Günther Dahms und seinen Versprechungen. Fast alle Fahrer sagen zu, zum neu entstehenden *Team Bianchi* zu wechseln. Sie wären ja sonst arbeitslos. Günther Dahms wehrt sich anfangs gegen die »feindliche Übernahme«, wie er den Vorgang bezeichnet. Die Veranstalter der Tour de France sichern den Bianchi-Managern jedoch zu, ihnen den Platz der verblichenen Coast-Equipe bereitzuhalten. Sie wissen, dass bei ihrer Jubiläumsparty im Juli nur Jan Ullrich einen von Lance Armstrong dominierten Langeweiler verhindern kann.

Ende des Monats erreicht Jan Ullrich die erlösende Nachricht: Team Bianchi erhält die Coast-Lizenz, sein Start bei der Tour ist damit gesichert. Beim Rennen *Rund um die Hainleite* in Thüringen fährt Ullrich erstmals im markanten Trikot der Traditionsmarke vor, das einst Italiens Idole Coppi und Gimondi trugen. Die Farbe heißt, wie man erfährt, *celeste*, himmlisch. Von Coast und dem Essener Boutiquenbetreiber Dahms hat sich Jan Ullrich weniger edel verabschiedet. »Herr Dahms«, resümierte er in Erfurt kühl, »hat uns gezielt verarscht.«

Mintgrün wie die Hoffnung, so präsentiert sich Team

Bianchi Anfang Juni vor der vornehmen Elbkulisse am Dresdener Landtag. Am nächsten Tag startet hier die Deutschland Tour, noch vier Wochen sind es jetzt bis zur Tour. Für Jan Ullrich und Rudy Pevenage ist es die zweite Teampräsentation binnen fünf Monaten. Bis in die Nacht haben Pevenage und seine Leute die alten Coast-Fahrzeuge überklebt. In Dresden blinzelt er in die glühende Frühlingssonne und sagt: »Diese Monate werde ich nie in meinem Leben vergessen.«

Die Deutschland Tour nutzt Jan Ullrich als ersten Härtetest. Er sei »so gut in Form wie noch nie zu dieser Jahreszeit«, vermeldet er vor dem Startschuss an der Semperoper. Nach einem kleinen Einbruch auf der Königsetappe zum Feldberg und einem guten Zeitfahren belegt er den fünften Platz in der Gesamtwertung. Anschließend empfängt er die Berichterstatter in gelösterer Atmosphäre auf der Terrasse des idyllisch im Pforzheimer Gewerbegebiet an der A 8 gelegenen Hotels *Royal*. Lässt alle Fragen über sich ergehen, sogar die offensichtlich elementar wichtige nach seinen Verhaltensabsichten für einen demnächst anstehenden und doch eher intimen Moment seines Lebens. Ja doch, antwortet er also tapfer, wenn er Vater werde, »würde ich bei der Geburt schon gerne dabei sein«.

Man könnte meinen, in den zurückliegenden Monaten sei wohl doch ein bisschen viel passiert im Alltag des Jan Ullrich, der seinen Weg zurück in die Weltspitze unter dem Eindruck der doch wohl gravierendsten Veränderungen seines Lebens in Angriff genommen hatte. Der Wechsel seines Lebensmittelpunktes, die latente Unsicherheit über den Bestand seiner Mannschaft wie über die Stabilität seines zweimal operierten Knies, nun die wachsende Aufregung angesichts der bevorstehenden Gründung einer Familie – all das meistert Jan Ullrich plötzlich mit einer wundersamen Selbstverständlichkeit, die sein Umfeld erfreut und zugleich verblüfft. »Dieses Jahr«, das sagt Rudy Pevenage, sei »Jan schon vom Winter an super motiviert, und er ist immer ruhig geblieben, selbst in den schlimmsten Tagen mit Coast – es hat so gut wie keinen Moment gegeben, in dem er die Schnauze voll hatte von dem ganzen Ärger.«

Sein Manager Wolfgang Strohband merkt an sehr profanen Dingen, dass Jan Ullrich offenbar daran geht, ein verantwortungsvoller Mensch zu werden: »Er hat sich plötzlich für seine Finanzen interessiert.« Das war neu bei jemandem, der bis dahin ernsthafte Probleme hatte mit den Überweisungsträgern seines Geldinstitutes und der, wie seine Mutter immer noch klagt, »manchmal unüberlegt ist mit seinen Geldausgaben. Zum Beispiel hat er in der Garage eine Harley, dabei hat er ja gar keinen Motorradführerschein.« Strohband bestätigt den Eindruck, Jan hat »von mir vierteljährlich eine Aufstellung mit seinen Ein- und Ausgaben – ich weiß aber auch, dass er die nie angeschaut hat«.

Jan Ullrich lacht verlegen, wenn er von diesen Geschichten hört; er verweist dann auf die wenige Freizeit, die er doch habe, »und die genieße ich dann und versuche dabei, alle neben mir ein bisschen leben zu lassen«. Menschen, die Jan Ullrich näher kennen, bezeichnen ihn als sehr großzügig, auch in finanziellen Dingen. Neuerdings achtete er auch in diesem Punkt besser auf sich. »Ich hatte mein Geld ja früher nie so richtig bewusst kontrolliert«, meint er grinsend, »aber wenn man älter wird, interessiert man sich eben mehr dafür.« Und das ist vermutlich alles, was in diesem turbulenten Frühjahr in Jan Ullrich vor sich gegangen ist: Er ist einfach nur etwas älter geworden.

Aquaplaning in Bouguenais

Es sind nur noch wenige Tage bis zur Tour de France, die im Juli 2003 ihr hundertjähriges Bestehen feiert, und Jan Ullrich fühlt sich bestens präpariert. Er wird sich nach allgemeiner Einschätzung so gut vorbereitet wie seit 1997 nicht mehr in Frankreich vorstellen. Seine öffentlich formulierten Ziele klingen trotzdem so bescheiden wie zu Jahresbeginn. »Ich möchte eine gute Tour fahren«, lässt er wissen, »und vielleicht klappt es ja mit einem Etappensieg.« Eine bewusste Strategie der Zurückhaltung, wie Rudy Pevenage viele Wochen später offenbaren wird und dabei einräumen sollte, dass »ich ganz heimlich sogar vom Toursieg geträumt habe«. So gut ist sein Kapitän in Form.

Vier Tage vor dem Prolog befindet sich Jan Ullrich allerdings gedanklich sehr weit weg von Frankreich. Denn er ist mit Gaby frühmorgens auf dem Weg in den Kreißsaal. Und ziemlich aufgeregt, jedenfalls verschickt er an seine Leute per Handy Kurzmitteilungen: »Es geht los, wir fahren in die Klinik!«

Am Dienstagnachmittag vor dem ersten Tourwochenende hält Jan Ullrich in der Freiburger Uniklinik die Hand seiner Lebensgefährtin, sie bringt nach einem Kaiserschnitt Sarah Maria zur Welt. Der beinahe ebenso geschaffte Vater durchtrennt mit zittriger Hand die Nabelschnur und schließt das Töchterchen in den Arm. »Ich war damals unheimlich glücklich«, verrät er, »das waren Gefühle, die mir sehr gut getan haben.«

Wenn Jan Ullrich heute von seiner kleinen Tochter erzählt, ist zu erahnen, wie sehr ihn die freudige Erwartung in den Monaten seiner moralischen Bewährung zusätzlich motiviert haben muss auf seinem Weg in ein neues Leben. »Mit der Kleinen«, sagt er, »da sind jetzt viele Probleme wie weggeblasen, jetzt zählen wichtigere Dinge.« Jan Ullrich bezeichnet Sarah Maria als »meinen bisher größten Erfolg«, und er glaubt, dass sie ihm ganz neue Kräfte verliehen hat.

Nach einer kurzen Nacht muss sich Jan Ullrich wieder von seiner Kleinfamilie trennen. Er fährt zur Arbeit, zum Tourstart nach Paris. »Platz zwei wär gigantisch«, sagt er nach der Ankunft in der Hauptstadt, wo *das* nationale Ereignis der Franzosen schlechthin anlässlich des Jubiläums direkt unter dem Eiffelturm beginnt. Ullrich erscheint seinen Beobachtern vor dem Startschuss sagenhaft lebhaft und ausgeglichen. Er befindet sich ganz offenbar in einem Zustand größerer Euphorie. Rudy Pevenage kennt ihn ja nun schon seit acht Jahren, und auch ihm ist etwas aufgefallen: »So glücklich wie in den Tagen nach der Geburt habe ich ihn noch nie erlebt.«

Mit Handgepäck und dem Ballast der Geschichte trifft Lance Armstrong in Frankreich ein. Mit einem weiteren Erfolg könnte er zu den vier Fünffach-Gewinnern Anquetil, Merckx, Hinault und Induraín aufschließen. Von Ullrichs erstaunlicher Form und seinem privaten Glück hat er gehört. »Ein Kind im Leben ist sicher gut für ihn«, sagt er bei seiner Pressekonferenz im Messezentrum, »für mich ist so etwas immer ein motivierender Faktor gewesen.«

Man hatte sich also ohnehin schon über Jan Ullrich gewundert, wie famos er aussah, so schlank, austrainiert und gelassen in sich ruhend. Und dazu knapp rasiert, so hatte er sich auch vor seinen größten Siegen frisieren lassen, 1997 bei der Tour und drei Jahre darauf bei den Spielen von Sydney. Diesen Kampfschnitt hat sich Jan Ullrich am Morgen vor dem Prolog der 90. Tour de France zugelegt, und jetzt steht er in der Avenue Bosquet, lacht laut und spricht gelöst – er, der so oft hölzern Auskunft gegeben hat, weil ihm das nicht besonders liegt. Jetzt wirkt das ganz anders, jetzt parliert dieser nunmehr 29-jährige Jan Ullrich entspannt, Worte wie »Motivation« und »Selbstvertrauen« kommen über seine Lippen, und er verweist auf »den schönen Sprung«, den er in den letzten beiden Wochen gemacht habe. Man wundert sich, schon wieder.

Rang vier hat er belegt beim Präludium, einem quicken Zeitfahren von 6,5 Kilometern rund um den Eiffelturm. Die Favoriten auf die Podiumsplätze von Paris sind allesamt hinter ihm geblieben, auch Armstrong: nur Platz sieben, fünf Sekunden Abstand auf den Deutschen. Eine kleine Überraschung. Erstmals rangiert Ullrich bei einer Tour vor dem Amerikaner, der den Kurs, wie er hinterher verärgert eingestehen muss, nicht auf dem Rad abgefahren war. Eine ungewohnte Schlampigkeit von *Mister perfect*. Er gönnt sich keinen Blick mehr auf das spektakuläre Eiffelturm-Panorama und lässt sich wegfahren. Niederlagen ist Armstrong nicht gewohnt.

Der Kurs habe dem Champion nicht gelegen, bemüht sich Jan Ullrich halbherzig, Gefühle von Euphorie zu unterdrücken. Damit wird er in den nächsten drei Wochen noch häufiger Probleme haben. Denn er beschert den Franzosen bei ihrem Jubiläumsfest die spannendste Tour seit vielen Jahren. Und Armstrong erstmals ein Sekundenduell.

Jan Ullrich verlebt ruhige erste Tourtage. Bis auf eine Schrecksekunde in Meaux, wo er nur hauchdünn einer Massenkarambolage entkommt. Lance Armstrong dagegen landet im Parterre, er kommt mit leichten Blessuren und einem Schrecken davon. Er nennt die Sturzparade »ein Gemetzel«. Es fließt Blut, Knochen gehen zu Bruch, und Haut klebt auf dem Asphalt. Die ersten Tourtage gehören wie immer den Sprintern, sie leben gefährlich.

Das Mannschaftszeitfahren jedoch gewinnt erwartungsgemäß Armstrongs Postal-Team, Bianchi hält sich als Dritter mit 43 Sekunden Rückstand sehr achtbar, und Jan Ullrich fühlt sich plötzlich sogar bereit für ein Duell mit dem Dominator aus Texas. »So gut stand ich nach dem Mannschaftszeitfahren noch nie da«, berichtet er gelöst, »ich fühle mich sehr gut und gehe jetzt rein, als ob ich auf Gesamt fahren würde.« Er kann jetzt davon ausgehen, trotz der Probleme des Frühjahrs im Schutz einer loyalen und tourtauglichen Equipe unterwegs zu sein. Doch nun geht es in die ersten Berge der Alpen. Alle rechnen jetzt mit Armstrongs Attacke. Er hat es bisher immer so gehalten.

Lance Armstrong tritt diesmal erst am zweiten Tag an, auf der Fahrt nach L'Alpe d'Huez. Doch er attackiert nicht, er fährt nur kontrolliert den beiden Besten des Tages hinterher, dem Spanier Iban Mayo sowie dem Kasachen Alexander Winokurow. Jan Ullrich schleppt sich als 13. im Gefolge der Nachzügler in den Skiort, knapp zwei Minuten beträgt nun sein Abstand auf den Titelverteidiger. Er beendet den Tag als vermeintlich Geschlagener, doch der Eindruck täuscht. Denn Jan Ullrich ist an diesem Tag über sich hinausgewachsen. Weil er eigentlich krank ist. Ein fiebriger Infekt schwächte seinen Körper, Folge einer offenbar verdorbenen Infusion. Zwei Kilometer vor dem Ziel hatte er eigentlich aufgeben wollen, »Rudy, es ist Schluss«, hörte Pevenage ihn über Funk klagen.

Doch Jan Ullrich hatte sich durchgekämpft, obwohl seine Beine blockiert hatten. »Ich habe sie gar nicht mehr gespürt«, erzählt er, dafür ein heftiges Schwindelgefühl: »Ich wär fast von der Straße abgekommen, da riskierst du echt einen Herzfehler.« Jan Ullrich fuhr dennoch weiter, er sagte sich in diesen schweren Minuten: »Ich fahr so lange, bis ich umfalle.« Er hat es nicht bereut.

Nun geht es nach Cap' Découverte, wo Jan Ullrich erstmals seit fünf Jahren das oberste Podest bei der Tour de France besteigen sollte. Bis hierhin hatte ihn ja niemand mehr so recht beachtet, keiner erwartete so bald einen großen Angriff des Deutschen, der unscheinbar auf Rang sechs des Klassements feststeckte. Dieser Umstand mag die enormen Emotionen und die grenzenlose Begeisterung verstärkt haben, die Jan Ullrich auslöst mit seiner triumphalen Siegfahrt durch das Departement Tarn, hinein in den Freizeitpark auf dem alten Minengelände, wo der Streckensprecher Daniel Mangeas seine Stimmbänder zu Höchstleistung bringt. Doch Monsieur Mangeas darf jetzt ruhig lärmen und pathetisch klingen. »Quel retour de Jannnää Ullrickhe!«, ruft er also noch einmal, und er hat ja Recht, natürlich, daran besteht kein Zweifel nach Ullrichs furiosem Etappensieg – eine erstaunliche Rückkehr, ein großartiges Comeback.

Als Jan Ullrich dann dort oben steht, das wird er nicht mehr vergessen, läuft in ihm »ein Film ab, ich habe an meine Familie gedacht, an meine Knieverletzung und an diese lange Zeit, in der ich mich wieder herangekämpft habe, und wie ich mir letztes Jahr die Tour im Fernsehen angeschaut habe und dachte: ›Mensch, wie sieht wohl deine Zukunft aus‹«. Die Mai-Nacht, Bad Wiessee, Frankfurt und Kanada, all das kommt wohl vor in dem Horrorclip mit Happy End, und in diesen Momenten der Rückkehr, das sagt Jan Ullrich heute offen, »war auch ich kurz davor zu weinen«. Wie Rudy Pevenage.

Doch auch ohne Tränen lösen die Bilder von Cap' Découverte Gewaltiges aus. Vor allem in Deutschland, wo mehr als sechs Millionen Menschen zusehen und in ihm plötzlich wieder die Heldenmaschine erkennen, die er doch eigentlich gar nicht sein möchte. Die Begeisterung daheim nimmt nun Ausmaße an, die die Anteilnahme an Ullrichs Toursieg 1997 deutlich übertreffen. Zu unverhofft ist dieses ungewöhnliche Comeback über die Nation gekommen, und der eloquente Jens Voigt hat vielleicht am besten die Strahlkraft dieses doch so gar nicht prätentiösen Radheroen erklärt. »Charaktere wie Ullrich faszinieren die Leute«, meint der Mecklenburger Profi, »sie sind erst ganz oben im Himmel und fallen dann ganz, ganz tief, um zurückzukommen. Sie machen das ganz normale Leben durch, während einer wie Lance eben alles perfekt abspult – dieses Auf und Ab, das ist spektakulär.«

Das sehen sie wohl auch in Frankreich so, wo einmal ein Journalist Jan Ullrich »das rebellische Dickerchen eines jeden Winters« genannt hat und wo sie sich nun von diesem eigenwilligen Helden aus Rostock ein Spektakel für ihre Festspiele versprechen. Zwar beherrscht der Deutsche immer noch nicht ihre Sprache und muss bei seinem Auftritt im *Vélo Club* des französischen Fernsehens vom polyglotten Bianchi-Teammanager Hanegraaf gedolmetscht werden. Doch so einen leidenschaftlich kämpfenden Hauptdarsteller wie ihn hätten sie gerne, der für die entwöhnten Franzosen endlich wieder einmal die Tour gewinnen könnte, und da darf er ihnen noch so schüchtern und glamourfrei erscheinen.

Lance Armstrong verfolgt im Campingmobil aufmerksam die Siegerzeremonie und studiert die Liste mit den erstaunlichen Zahlen des Tages – nur noch 34 Sekunden Vorsprung hat er auf Ullrich. Er habe zu wenig getrunken an diesem ungewöhnlich heißen Sommertag, und dann sagt er, Jan Ullrich sei »jetzt ein großer Favorit auf den Toursieg«. Er meint das ausnahmsweise nicht ironisch.

Ab Cap' Découverte gerät die 90. Tour zu einem faszinierenden Schauspiel. Nach seinem zweiten Platz auf der Pyrenäen-Etappe nach Ax-3-Domaines wird Jan Ullrich sogar leicht favorisiert im spannenden Kampf um den Toursieg, den Telekom-Profi Alexander Winokurow mit seinen täglichen Attacken enorm bereichert. Im Ziel ließ Ullrich dort zwar den Kopf baumeln. Doch nur vor Erschöpfung. Nicht aus Enttäuschung. Denn dieser zweite Platz hinter dem Spanier Carlos Sastre zählt trotz der geringen Abstände auf seine Verfolger fast ebenso viel wie der grandiose Triumph im Zeitfahren. Rudy Pevenage weiß das, er meint: »Ich bin froh, dass Jan keine Angst hatte.« Angst davor, den großen Armstrong zu attackieren. Zum ersten Mal.

An der 3000-Meter-Marke hatte Jan Ullrich einen Antritt des Spaniers Zubeldia gekontert. Winokurow konnte beiden folgen, doch Armstrong hatte Mühe, das Loch zu schließen. Jan Ullrich spürte das, und er nahm jetzt Armstrongs Rolle ein: Er spielte mit ihm. Immer wieder schaute er zum Amerikaner hinüber, in ein gezeichnetes Gesicht. Einen Kilometer später ging Winokurow. Jan Ullrich wirkte einen Moment lang unentschlossen, doch dann folgte er seinem Freund aus Kasachstan. Armstrong blieb zurück, er versuchte gar nicht die Parade reposte, er senkte seinen Kopf und trat sein Tempo. Ullrich verstand. Er riss nun seine Augen auf und seinen Mund und trat »Anschlag«, wie er das nennt. Man erkannte ihn in diesem Moment sehr genau wieder, den Ullrich von 1997. Hochfrequenz tretend. Kraftvoll. Entschlossen. Gierig.

Am folgenden Tag der 14. Etappe nach Loudenvielle attackiert der vorzügliche Winokurow abermals, er gewinnt hinter dem Tagessieger Gilberto Simoni erneut Zeit auf Armstrong. Der liegt nun 15 Sekunden vor Ullrich und 18 vor dem Kasachen.

Am Tag darauf fährt Lance Armstrong ihnen davon. Der Boss ist zurück. Er hat seine Schwächephase überwunden.

Jan Ullrich wird hinterher bedrängt, als verschenke er sein Bianchi-Velo. Ein hektisches Empfangskomitee begrüßt ihn in Luz-Ardiden, französische Zuschauer und ein Bataillon Kameraleute. Sie wollen von ihm wissen, wie er diesen aufregenden Tag erlebt hat, an dem er wohl doch die Tour an Lance Armstrong verloren hat und trotzdem viel an Profil gewonnen. »Nun lasst doch mal die Griffel weg!«, brummt er der aufdringlichen Meute zu. Die Menschen sprechen kein Deutsch, aber sie haben ihn verstanden. Jan Ullrich klettert unbehelligt durch ein dichtes Spalier in den Bus.

Viel hat er dort drinnen zu verarbeiten, denn das an Spannung ohnehin kaum zu überbietende Rennen bot in seiner 15. Episode einen dramatischen Höhepunkt, wobei Jan Ullrich erneut eine Hauptrolle zufiel. Zweimal hatte er im Schlussanstieg seine Fahrt verlangsamt, weil Lance Armstrong ins Straucheln geraten war. Ein Sturz und ein schmerzvoller Durchsacker auf das Oberrohr, als dem Texaner der Rennschuh aus der Bindung gerutscht war. Er befand sich jeweils in großen Nöten, doch davon wollte Jan Ullrich partout nicht profitieren, wie er hinterher betont. Er sagt: »Ich habe nicht weiter attackiert, weil Fairness im Sport alles ist.«

Ullrichs große Gesten haben Armstrongs Hoffnung auf den fünften Toursieg in Serie weiter aufrechterhalten, denn der beeindruckend unbeeindruckte Texaner fuhr – nach dem Sturz aufgepeitscht von einem Adrenalinstoß – mit seiner entscheidenden Attacke 40 Sekunden Vorsprung auf den Rivalen heraus. Inklusive Zeitgutschrift liegt er nun 1:07 Minuten vor dem Deutschen. Und das trotz dieser denkwürdigen Unachtsamkeit im letzten Steilstück vor Luz-Ardiden, wo er sich in der gelbfarbenen Stofftasche eines Zuschauers verfangen hatte und mit dem Spanier Iban Mayo zu Boden gestürzt war. Ullrich zeigte ein ähnlich geschicktes Ausweichmanöver wie Armstrong in der Woche zuvor beim tragischen Sturz des starken Spaniers Joseba Beloki, der in Gap mit Beckenbruch ausgeschieden war. »Ich habe einen Haken geschlagen wie ein Hase«, sagt Ullrich. Der danach auf den Bruchpiloten wartete, der ihm gleichwohl kurz darauf davonfuhr, haben nur Menschen nicht nachvollziehen können, die diesen Sport nicht verstehen. Jan Ullrich meint, er würde »es immer wieder so machen«.

Die Tour wird im abschließenden Zeitfahren von Nantes entschieden. 65 Sekunden Rückstand hat Jan Ullrich noch, tags zuvor hat er Lance Armstrong zwei Sekunden abgenommen. In einem Zwischensprint. So etwas hatte es noch nie gegeben. Vor dem Finale erinnern die Zeitungen in großen Geschichten an den knappsten Sieg der Tour-Historie, an das Duell zwischen Greg LeMond und Laurent Fignon. Acht Sekunden betrug 1989 der Vorsprung des Amerikaners. Nach 3621 Kilometern. Laurent Fignon ist in diesen Tagen nicht zu beneiden, denn angesichts des Krimis Armstrong vs. Ullrich sprechen ihn alle auf damals an. »Ich habe die Tour zweimal gewonnen«, knurrt der Franzose die Neugierigen an, »aber ihr sprecht mich alle auf '89 an – lasst mich damit in Ruhe!«

Der Krimi von 2003 wird also am Samstagnachmittag fortgesetzt, mehr als neun Millionen Deutsche werden zu Hause ihren Fernseher einschalten, deutlich mehr als bei Ullrichs Toursieg. Um 15:59 Uhr soll der Herausforderer in Pornic die Rampe verlassen, drei Minuten danach der Mann in Gelb. »Alles ist möglich«, betont Jan Ullrich am Abend zuvor. Und Armstrong: »Mein Ziel ist es, diese Etappe zu gewinnen, ich fühle mich bereit.« Alle sind das.

Die Tour ist bereits morgens entschieden, als Jan Ullrich

aufsteht, in seinem Hotelzimmer die Gardinen beiseite schiebt und aus dem Fenster schaut: Es regnet in Strömen. Armstrong-Wetter. Ullrichs Chancen auf eine erfolgreiche Aufholjagd sind auf glitschigem Asphalt auf ein Minimum gesunken. Zudem kommt der Atlantikwind wie befürchtet von Südwest. Rückenwind. Schlecht für Ullrich, der bei diesen Bedingungen kaum Zeit wird gutmachen können. Jan Ullrich hat keine gute Laune, als er zum Frühstück kommt. Zu Rudy Pevenage sagt er: »Lance muss dieses Scheißwetter bestellt haben.«

Jan Ullrich versucht dennoch alles. Furchtlos schießt er anfangs durch die Kurven, er möchte wenigstens die Etappe gewinnen. »Etwa sechs Sekunden Vorsprung«, melden die Offiziellen über den Streckenfunk, kurz vor der bis dahin relativ unbekannten Ortschaft Bouguenais, nur zwei Kilometer vor dem Ziel. Bis Ullrich in den Kreisverkehr einbiegt und sich mit dem unbeliebten Phänomen Aquaplaning vertraut macht – keine Bodenhaftung auf nassem Grund. Ullrichs Räder gleiten weg, als habe jemand den Asphalt eingeseift, wie ein Eisschnellläufer rutscht er mit seinen 71 Kilo nebst Rennmaschine durch die Kurve an die gepolsterten Absperrquader. Sein Bruder Stefan, der im Wagen dahinter nervös an den Nägeln kaut, springt schnell aus dem Wagen, schneller noch als Rudy Pevenage, dem nur lautes Fluchen bleibt. Die letzten Kilometer fährt Jan Ullrich »wie ein Anfänger«, während Lance Armstrong seine Bemühungen um den Tagessieg einstellt. »Als ich hörte, dass Jan gestürzt ist«, gibt er später zu, »war für mich das Rennen beendet.«

Lance Armstrong hat in diesem Moment zum fünften Mal die Tour gewonnen.

Später, im Teamhotel am Flughafen Nantes-Atlantique, schmeißt der Etappengewinner David Millar gerade ein paar Runden *Leffe*-Bier, als Jan Ullrich noch einmal der Schweiß von den braun gebrannten Schläfen rinnt. Er redet und redet, er beantwortet auch jetzt alle Fragen und lacht zwischendurch, dass sein an einem dünnen Lederhalsband baumelndes Kreuz und der Silberring in seinem linken Ohr munter mitwippen im Takt des Zwerchfells. Er hat gute Laune. Denn am nächsten Morgen soll es weitergehen im *TGV* bis zur Endstation Paris, wo seine Freundin und die vier Wochen alte Sarah Maria auf ihn warten. »Sie wieder zu sehen ist für mich jetzt das Allerwichtigste«, gesteht Jan Ullrich, »während der Tour habe ich jede Sekunde nur an mein Baby gedacht.« Seine Prioritäten haben sich schon wieder verschoben, nur drei Stunden nach seiner viel beachteten Rutschpartie von Bouguenais. Von einer Niederlage möchte er nicht reden, »das ist auch ein Sieg für mich«, sagt er, und dass ihn »das letzte Jahr irgendwo weitergebracht« habe.

Irgendwo weitergebracht, das hat er nett gesagt.

Jan Ullrich kommt Ende Juli 2003 nicht als ewiger Zweiter in Paris an. Sondern als Gewinner des ersten Ehrenplatzes und ganz bestimmt als Sieger über sich selbst. Er hat seinen Weg gefunden, mit Entschlossenheit und Ausdauer, und er hat sich dabei ganz offenbar nicht in der Richtung geirrt.

Zurück
in der Heldengalerie

Die Reaktionen auf Jan Ullrichs erneuten zweiten Platz bei der Frankreich-Rundfahrt fallen ziemlich einheitlich aus: Er wird gefeiert. Von den Kommentatoren uneingeschränkt und vom Publikum in Deutschland sowieso, wo fortan jeder seiner Auftritte zu einem noch größeren Volksfest gerät als zuvor. »Ich bin heute glücklich darüber«, kommentiert er den Rummel um seine Person, »die ruhigen Zeiten kommen noch früh genug.« Er hat das nicht immer so gesehen. Auch Lance Armstrong zollt seinem Rivalen aufrichtig Respekt, »er ist ein großer Champion«, versichert der Patron ohne eine abwertende Nuance in seinem Ton, »niemand motiviert mich mehr als Jan Ullrich«. Er werde allerdings, das sei die schlechte Nachricht für alle, 2004 nach Frankreich zurückkehren, »und ich komme nicht dorthin, um Zweiter zu werden«. Sechsmal hat bislang noch niemand gewonnen.

Jan Ullrich fährt im August und September in dosierter Anzahl Rennen. Er sitzt in Talkshows, auch dem Fernsehpublikum erzählt er von seiner neu gewonnenen inneren Balance. Ullrich schlägt sich im Rampenlicht mittlerweile recht gut. Während der Interviews perlt ihm das Wasser von der Stirn, ihm ist das immer etwas unangenehm, »wir Sportler schwitzen halt schnell«, sagt er dann. Die Geschäftspartner von der *Bunten* veröffentlichen die ersten Fotos der jungen Familie, Wolfgang Strohband hat das organisiert, »eine einmalige Sache«, erläutert er, »und danach ist Ruhe.« Jan Ullrich wickelt für den Fotografen seine kleine Tochter, und es sieht so aus, als mache er das schon mal öfter – und tatsächlich: »Mach ich auch!«. Ob er Gaby Weis endlich heiraten werde, fragen ihn die Leute von der *Bunten* nicht. Hätten sie es doch getan, hätte er ihnen geantwortet: »Wir haben Zeit, aber das wird sicher kommen – wir heiraten, wenn keiner damit rechnet.«

Der große Bahnhof wird diesmal nicht in Merdingen bereitet – Scherzingen gratuliert! Mehr als 500 Gäste kommen ins Festzelt am Schützenhaus, wo der Gemeinderat eine Rede hält und Jan Ullrich freundlicherweise die Scherzinger Musikgesellschaft dirigiert. Der Vagabund ist offenbar wieder sesshaft geworden, und so schnell möchte er den stillen Ort am Schweizer Bodensee nicht mehr verlassen. Jan Ullrich mag die Menschen dort, »die Leute sind diskreter als in Deutschland, ich kann in den Supermarkt gehen, ohne dass mir jemand auflauert«.

Für das Team Bianchi sind seine Rennen im Spätsommer 2003 Werbeveranstaltungen. Schon während der Tour hatte die schwedische Holding des Ausrüsters angedeutet, dass eine schlagkräftige Mannschaft auf Dauer nur mit Hilfe eines Co-Sponsors finanziert werden könne. Die Manager berichten immer wieder von Interessenten und aussichtsreichen Gesprächen, doch Abschlüsse können sie nicht vermelden. Die Wirtschaftskrise hat auch den Radsport erfasst, obwohl Wolfgang Strohband das im Falle seines Klienten nicht recht glauben mag. »Wenn sich mit Jans Erfolgen kein Sponsor finden lässt«, sagt er irritiert, »mit wem denn dann?« Er selbst kann nicht klagen, für Jan Ullrich liegen mehrere Abschlüsse vor. Sogar *adidas* will Ullrich wieder in seine Heldengalerie aufnehmen.

Bianchi dagegen findet keinen Partner, trotz einiger später Kooperationsanfragen aus Spanien und Italien. Jan Ullrich erteilt seinem Manager deshalb erneut den Auftrag, die Angebote der Konkurrenz zu sondieren. Ihm fällt das nicht leicht, bei Bianchi hatte er sich eine neue Mannschaft aufgebaut, ein funktionierendes neues Umfeld, zu dem ja auch sein Bruder Stefan als Mechaniker zählt. »Wenn Bianchi bis Ende August, wie es ja auch im Vertrag abgemacht war, etwas gefunden hätte«, beteuert er, »dann hätte ich gar nicht überlegt – dann wäre ich geblieben.« Jan Ullrich lässt diese Frist sogar verstreichen, doch Ende September ist seine Geduld aufgebraucht. »Mir rennt ja auch die Zeit weg, ich will die nächsten Jahre noch einmal richtig angreifen«, erklärt er – eine weitere Saison mit Planungsunsicherheiten und einem Neuaufbau wollte er nicht erleben. »Deswegen habe ich die sichere Sache genommen, weil ich nicht mit meiner Zukunft spielen sollte.« Auch Gaby hatte ihm dringend dazu geraten.

Er hat sich also diese Entscheidung nicht leicht gemacht, er traf sie sogar mit einem gewissen Unbehagen, denn nicht nur Wolfgang Strohband hält sie für »moralisch ein bisschen schwierig«. Und dennoch geben sie Anfang Oktober ihr Ja-Wort und reisen schon zwei Tage später zur Präsentation nach Bonn. Beim *Team T-Mobile*, so heißt ab 2004 das Team Telekom. Die Rückkehr in die Vergangenheit?

Im braunen Cordanzug erscheint der verlorene Sohn und setzt sich oben auf das Podium neben Walter Godefroot. Gerade der Teammanager hat sich in den vergangenen Monaten für die Rückkehr seines früheren Kapitäns stark gemacht. Dafür überwand sich Godefroot sogar und gab Rudy Pevenage bei einer ersten Aussprache die Hand, erwartungsgemäß eine Kontaktaufnahme ohne bleibende Schäden für Körper und Geist der Beteiligten. Die beiden viele Jahre befreundeten Belgier hatten sich in den vergangenen Monaten zwar sehr oft gesehen, in Hotels oder Mannschaftssitzungen.

Doch sie ignorierten sich dabei beharrlich. »Kein Blick, kein Gruß, kein Handschlag«, bemerkt Pevenage. Dass er Hals über Kopf das Team Telekom verlassen hatte, wird ihm Godefroot wohl niemals wirklich verzeihen. »Niemals mehr arbeite ich mit Rudy Pevenage zusammen«, hatte der Teamchef mehrmals mitgeteilt. Jetzt möchte Godefroot aber darauf achten, dass sich alle Beteiligten »im Sinne von Jan wie erwachsene Menschen verhalten«.

Den ersten Friedensgipfel in einem Hotel am Flughafen von Brüssel hatte Wolfgang Strohband angeregt – ein notwendiger Termin, denn Jan Ullrich war nur noch im Paket zu haben. Er hatte für eine Rückkehr zur Bedingung gemacht, dass er seine Zusammenarbeit mit Pevenage fortsetzen dürfe und neben Tobias Steinhauser, der Physiotherapeutin sowie Bruder Stefan auch sein Jugendfreund André Korff einen Vertrag erhalte. Walter Godefroot hat eingewilligt, wenngleich Rudy Pevenage keine offizielle Anstellung im Team erhält. Ein Kompromiss, mit dem wohl beide leben können. Rudy Pevenage vermag der Lösung trotz aller Enttäuschung über das Ende seines Projekts Bianchi etwas Positives abgewinnen, »denn ich muss mich jetzt nicht mehr um die Mannschaft kümmern und habe noch mehr Zeit für Jan«.

Rudy Pevenage soll künftig von Jan Ullrich bezahlt werden, denn der möchte, wie er erklärt, auf »Rudys Art, mir meine Freiheiten zu lassen, nicht mehr verzichten«. Er hat sie im vergangenen Jahr schätzen gelernt als Gegenpol zum wohl nicht mehr ganz zeitgemäßen Stil von Peter Becker. Sein langjähriger Trainer bleibe ihm jedoch »als Ratgeber« erhalten. Jan Ullrich möchte nicht undankbar klingen.

Natürlich vernimmt der Heimkehrer bei der Präsentation in Bonn die Fragen, ob er nicht in jenen goldenen Käfig zurückkehre, aus dem er vor gut einem Jahr aus gutem Grund ausgebrochen sei. Jan Ullrich antwortet etwas ausweichend mit einem Satz, den sich wohl die PR-Abteilung des Konzerns ausgedacht hat: »Das ist keine Rückkehr zum Team Telekom, das ist ein Neuanfang beim Team T-Mobile.« Er wird dann später doch noch etwas konkreter und erklärt, das vergangene Jahr sei für ihn »wie eine Universität gewesen, ich musste den Leuten hier beweisen, dass ich selbst Entscheidungen treffen kann, dass ich so besser funktioniere«. Und die Probleme, die es mit Walter Godefroot gegeben habe, hätten sie ausdiskutiert. Der Belgier ist übrigens recht zuversichtlich, »wir hätten uns ihn natürlich schon früher so gewünscht«, bekennt er und verteilt damit einen letzten Klaps auf den gereiften Hinterkopf, »doch im Alter werden die Menschen ja in der Regel vernünftiger.«

Alle möchten sich demnach Mühe geben, und man wird mit Interesse verfolgen, ob Jan Ullrich in alter Umgebung wirklich seine neu gewonnene Reife bewahrt oder doch in alte Muster verfällt. Das käme eher überraschend.

Familientreffen

Rügen im Spätherbst 2003. Die Ostsee wirft sanft kleine Wellen an den Strand, der sandige Laufsteg ist gut besucht von Spaziergängern, und der Wind weht ein herzhaftes Lachen von der Terrasse herüber. Es ist das Lachen von Marianne Kaatz. Sie sind vorhin spazieren gewesen im vornehmen Ostseebad Binz, die stolze Großmutter und das jüngste Mitglied der Kleinfamilie Weis-Ullrich, und nun sitzen sie alle in der wärmenden Herbstsonne und lachen und erzählen. Auch Wolfgang Strohband, Peter Sager und Jens Heppner sind in dem Hotel mit dem Untertitel »Quelle des Wohlbefindens« abgestiegen. Ein familiäres Wiedersehen am Rande der Wanderfahrt »Tour d'Allée«.

Jan Ullrich genießt seinen Kurzurlaub, vor 20 Jahren ist er zuletzt auf Rügen gewesen. Mit Peter Sager und André Korff, damals bestritt er am Schloss Granitz sein erstes Bergzeitfahren. Peter Sager erzählt, Korff habe es gewonnen, vor einem Wurm aus Lütten-Klein.

In wenigen Tagen wird Jan Ullrich wieder mit dem Training beginnen, Anfang November, so ist es mit Rudy Pevenage abgemacht. Er bestellt sich einen Espresso und dazu ein *Heil*wasser, wie die Bedienung betont. »Heilwasser«, entgegnet er und lacht, »das ist immer gut.« Jan Ullrich hat gute Laune. Die Woche vorher war er wieder auf Freundschaftsbesuch bei Alexander Winokurow in Kasachstan, wie schon im vergangenen Jahr, als sie Abenteuerurlaub gemacht haben mit Wandertouren im verschneiten Gebirge, Angeln und Wildschweinjagd. Allerdings wollten die Wildschweine das damals nicht, sie haben sich versteckt.

Ein aufregendes Jahr ist seitdem vergangen, Jan Ullrich findet inzwischen, es sei »ein Jahr der Bestätigung« gewesen. Ein Jahr, in dem er vor allem sich selbst etwas bewiesen habe, in so vielen Dingen. Natürlich redet er zunächst über die Tour, sie ist Triebfeder für alles, was er tut. »Ich war dieses Jahr wirklich so dicht dran, obwohl ich weiß, dass ich noch nicht optimal drauf war«, sagt er, »ich weiß also, dass auch Lance zu schlagen ist, und deshalb bin ich sehr motiviert.« Dass sich Armstrong in seinem neuen Buch als schlechter Gewinner erweist und Ullrichs Geste von Luz-Ardiden als im Grunde nicht geschehen darstellt, ringt ihm ein gönnerisches Lächeln ab. »Ach, der Lance«, meint er und erzählt viel lieber von den Auszeichnungen, die er für sein nobles Verhalten gewonnen hat. Die letzte hat ihm Ende Oktober Friedensnobelpreisträger Michail Gorbatschow überreicht, den so genannten *World Award*. Eine schicke Party ist das in Hamburg gewesen mit Filmstars wie Michael Douglas und Morgan Freeman und dem Modefürsten Karl Lagerfeld. »Das sind doch schöne Preise«, betont Jan Ullrich, »da kann der Lance sagen, was er will«.

Gaby Weis kommt an den Tisch, sie schaut etwas ernst, denn sie wollten jetzt eigentlich zusammen flanieren gehen. »Noch ein Viertelstündchen«, antwortet er freundlich und lächelt sie an. Jan Ullrich möchte künftig mehr Rücksicht nehmen auf seine Partnerin, die ihm im letzten Jahr der beste Freund gewesen ist, »sie hat ja mit mir wirklich alle Höhen und Tiefen durchgemacht«. Doch auch das sei eine Erkenntnis, räumt er ein, dass Gespräche mit Journalisten dazu gehörten, wenn auch vielleicht nicht im Urlaub. Es strengt ihn immer noch an, über längere Zeit hinweg seine Gedanken zu formulieren, und dennoch wirkt Jan Ullrich im Spätherbst 2003 offen und selbstbewusst wie noch nie. Natürlich schaut man ihm dabei aufmerksam ins Gesicht und prüft kritisch, ob seine Wangen nicht schon wieder voller werden, aber er entgegnet, da könne man diesmal lange warten. Er werde im Winter zwar weiterhin sein Leben genießen, »das gehört bei mir einfach dazu, doch ich esse jetzt viel bewusster, wie ich alles jetzt viel bewusster erlebe, das Training, die Wettkämpfe, das Leben«.

Dass das lange anders gewesen ist, weiß er selbst, und wenn er den Vorwurf hört, es seien vielleicht vergeudete Jahre gewesen, dann widerspricht er heftig: »Nicht vergeudet, ich brauchte wahrscheinlich diese Zeit, ich musste diese Fehler machen, um jetzt anders zu denken und zu handeln.« Auch den Befürchtungen, er könne den neuen Vertrag mit Telekom als Rentenpapier verstehen, begegnet er für seine Verhältnisse vehement. Er sagt: »Für mich wäre es das Schlimmste, wenn ich jetzt noch zwei, drei Jahre hinterherfahren würde, und die Leute würden dann sagen: ›Der Ullrich war mal ein Guter, aber er hat sein Talent verschleudert, der fährt nur noch für die Kohle‹ – da würde ich vorher aufhören.«

Jan Ullrich lehnt sich zurück in seinem Stuhl und lässt den Kopf nach hinten fallen. Er schließt die Augen und genießt die letzten Sonnenstrahlen. Jan Ullrich ist jetzt 30. Er sagt über sich, er sei »etwas erwachsener geworden, auf alle Fälle reifer«.

Zeittafel

1973 geboren am 2. Dezember in Rostock

1983 im Herbst erster Sieg für die SG Dynamo Rostock bei einem Cross-Wettbewerb

1985 erster Sieg bei einem Radrennen in Warnemünde

1987 im September Wechsel und Umzug nach Berlin, zur Kinder- und Jugendsportschule (KJS) des SC Dynamo Berlin

DDR-Schülermeister mit dem Bahnvierer im 2000-Meter-Mannschaftszeitfahren

1988 DDR-Jugendmeister im Straßenrennen

1989 Vierter der DDR-Straßenmeisterschaft

1990 DDR-Jugendmeister Punktefahren

Beginn einer Lehre zum Industriemechaniker

1991 Wechsel zum SC Berlin

Deutscher Juniorenmeister Punktefahren

Platz fünf bei der Junioren-Weltmeisterschaft im Querfeldein

1992 im Februar Umzug und Wechsel mit Trainer Peter Becker zur RG Hamburg (1994 Team Müsing)

Abbruch der Lehre

1993 Straßenweltmeister der Amateure in Oslo als jüngster Fahrer aller Zeiten

Gewinn der Böhmen-Rundfahrt

Gewinn der Australien-Rundfahrt

Sieg des Gesamtweltcups der Amateure

Erster Sieg in der Rad-Bundesliga und Gewinn der Bundesliga-Wertung

Wahl zum »Radsportler des Jahres«

1994 Dritter bei der Weltmeisterschaft im Einzelzeitfahren in Italien

Deutscher Vizemeister im Einzelzeit- und Bergzeitfahren

Gewinn der Bundesliga-Wertung

Gewinn der Harz-Rundfahrt

Etappensiege bei den Rundfahrten in Südafrika und Niedersachsen

Wehrdienst in der Sportfördergruppe Todtnau

1995 Erster Profivertrag beim Team Telekom

Umzug nach Merdingen bei Freiburg

Platz 80 beim Profidebüt bei der Katalanischen Woche

Deutscher Meister im Einzelzeitfahren

Zweiter der Tour de Limousin

1996 Zweiter beim ersten Start bei der Tour de France (Gewinn der 19. Etappe)

Deutscher Vizemeister im Straßenrennen

Erster Profisieg bei der Internationalen Regio-Tour

Sieger des Internationalen Straßenrennens in Bühl

Sieger der HEW-Cyclassics in Hamburg

Wahl zum »Radsportler des Jahres«

1997 Gewinner der Tour de France (Gewinn der zehnten und zwölften Etappe)

Deutscher Meister im Straßenfahren

Dritter der Tour de Suisse

Wahl zum weltbesten Radsportler (»Velo d'Or«)

Deutscher »Sportler des Jahres«

Goldener Bambi (*Bunte*)

Goldene Henne (*mdr*)

Fausto-Coppi-Trophäe

1998 Zweiter der Tour de France (Gewinner der siebten, 16. und 20. Etappe)

Zweiter der Deutschen Straßenmeisterschaft

1999 Absage der Tour de France wegen eines Sturzes bei der Deutschland Tour

Gewinner der Spanien-Rundfahrt (Gewinn der fünften und 20. Etappe)

Weltmeister in Zeitfahren und Achter des WM-Straßenrennens

Namensverleihung *Jan-Ullrich-Dahlie* im Dahliengarten Hamburg

2000 Zweiter der Tour de France

Olympiasieger im Straßenrennen sowie Gewinn der Silbermedaille im Einzelzeitfahren in Sydney

Fünfter der Tour de Suisse

Im Monat August als erster Deutscher die Nummer eins der Weltrangliste

Zweiter des Weltcuprennens Meisterschaft von Zürich

Sieger der Coppa Agostino in Italien

2001 Zweiter der Tour de France

Weltmeister im Einzelzeitfahren sowie 13. des WM-Straßenrennens in Lissabon

Deutscher Meister im Straßenrennen

Zweiter der Meisterschaft von Zürich

Etappensieger bei der Lucca-Rundfahrt in Italien sowie bei der Hessen-Rundfahrt

Sieger des Giro dell' Emilia in Italien

2002 im Mai Absage der Tour de France wegen einer Knieverletzung

im Juni positive Dopingprobe auf Amphetamine (sechs Monate Sperre wegen Medikamentenmissbrauchs)

im September Trennung vom Team Telekom

Umzug mit Gaby Weis nach Scherzingen (Schweiz)

2003 zum Januar Wechsel zum Team Coast

Comeback Anfang April mit Platz 20 bei der Sarthe-Rundfahrt in Frankreich

Sieger von *Rund um Köln*

ab Ende Mai beim Team Bianchi

Fünfter der Deutschland-Tour

Zweiter der Tour de France (Gewinn der zwölften Etappe)

Dritter beim Weltcuprennen in Hamburg

Zweiter der Meisterschaft von Zürich

am 1. Juli Geburt von Tochter Sarah Maria

Fair-Play-Plakette der Deutschen Olympischen Gesellschaft

World Award für faires Verhalten im Sport

Anfang Oktober Unterschrift eines Drei-Jahres-Vertrages beim Team T-Mobile

DANK

Dank den Interviewpartnern,
die dieses Buch ermöglicht haben, sowie den
Berichterstattern der Tour de France.
Außerdem:
Àdemain, Baresi, Bäckerei Eduardo,
Bengelchen, Rainer Dresen, Katharina Fokken,
Familie Kauz und Eckard Schuster.

Personenregister

Aldag, Rolf 56, 108
Altig, Rudi 10, 12, 86
Ampler, Uwe 24
Anquetil, Jacques 159
Armstrong, Lance 11, 13 f., 98, 108 ff., 114 ff., 122 ff., 132, 139, 141, 153, 155, 159 ff., 163 ff., 169, 175

Baldinger, Dirk 35, 38, 103, 135, 137, 145
Bartoli, Michele 150
Becker, Boris 11, 15, 55, 70
Becker, Erich 31
Becker, Peter 19, 22 f., 25 f., 28 ff., 38 ff., 51 f., 54, 61, 68, 71, 77 f., 80, 96, 98, 100, 110, 115, 124, 132, 134 ff., 142, 172
Beloki, Joseba 111, 166
Beltrán, Manuel 148
Berzin, Evgeni 45 f.
Bierhoff, Oliver 45

Boardman, Chris 55
Bölts, Udo 42 f., 46, 49, 52 f., 56 f., 60, 65 ff., 75 ff., 81, 83 f., 98, 106, 113
Boßdorf, Hagen 71
Brochard, Laurent 59
Bugno, Gianni 104

Camenzind, Oscar 115
Casartelli, Fabio 60
Casero, Angel 148
Chirac, Jacques 82
Cipollini, Mario 150
Coppi, Fausto 155

Dahms, Günther 146 ff., 150 f., 155
Delgado, Pedro 86
Diekmann, Bärbel 69
Dittert, Bernd 30
Douglas, Michael 175
Dufaux, Laurent 115

Ekimow, Wjatscheslaw 117
Elli, Alberto 90
Escartín, Fernando 147

Fagnini, Gian-Matteo 121
Ferrari, Michele 129
Fignon, Laurent 166
Freeman, Morgan 175
Freire, Oscar 115
Frigo, Dario 90

Garmendia, Aitor 148
Gebauer, Gunter 86
Giebelmann, Michael 31
Gimondi, Raimondo 155
Godefroot, Walter 27, 38, 43 f., 50, 52, 55, 57 f., 60, 62, 67, 72, 74, 96, 98, 101, 104, 108, 111, 118, 120, 128, 142, 147, 171 ff.
Gonzalez de Galdeano, Igor 103 f.
Gorbatschow, Michail 175
Grabsch, Ralf 31, 103
Graf, Steffi 70
Guhl, Margit 120

Hamilton, Tyler 94
Hanegraaf, Jacques 155, 163
Heinrich, Lothar 52, 84, 90, 96, 118 ff., 133 f.

Henn, Christian 43, 56, 90
Heppner, Jens 42, 46, 49, 52 f., 56 f., 59, 62, 65, 73, 77, 79, 93, 97 f., 106 f., 117, 174
Heras, Roberto 128
Hinault, Bernard 15, 126, 159

Induraín, Miguel 41, 44 ff., 63, 103 ff., 131, 159

Jalabert, Laurent 87, 105
Junkermann, Hennes 10, 12

Kaatz, Felix 20, 33, 61
Kaatz, Marianne 19 f., 23, 32, 61, 64, 67 f., 76, 91, 137, 174
Keul, Joseph 88
Kindervater, Jürgen 132, 138 ff., 143
Klöden, Andreas 106, 115 f., 135
Korff, André 20 ff., 31, 33 f., 36, 148, 172, 174
Kummer, Mario 116, 118
Kunde, Karl-Heinz 10

Lagerfeld, Karl 175
LeMond, Greg 166
Letterman, David 130
Ludwig, Olaf 24

Mangeas, Daniel 13 f., 88, 162
Maske, Henry 70
Mayo, Iban 161, 166
Meinert, Peter 43 f.
Merckx, Eddy 10, 53, 64, 107, 159
Millar, David 167

Olano, Abraham 45, 55, 66, 68, 81, 103, 115

Pantani, Marco 59 f., 63 f., 66, 68, 81 ff., 91, 111, 115
Pevenage, Rudy 15, 19, 43, 50, 53, 57, 77, 80, 93, 95, 106 f., 116, 118 f., 124, 128, 131, 136, 138, 140, 142, 147 ff., 152, 155 ff., 161 f., 164, 167, 171 f., 174
Pinarello, Fausto 104
Plaza, David 148
Pokorny, Eyk 135 f.
Poulidor, Raymond 12

Reinsch, Michael 71
Rich, Michael 33
Riis, Bjarne 41 ff., 53 ff., 81, 83, 87 ff., 98 f., 104, 143 f.
Rominger, Tony 45, 47 f.

Rossi, Paolo 104
Ruthenberg, Dieter 48

Sager, Peter 17 ff., 61, 68, 174
Sastre, Carlos 164
Scharping, Rudolf 57, 69
Schenk, Sylvia 143
Schumacher, Michael 11
Schur, Täve 11
Serrano, Marcos 102
Simoni, Gilberto 164
Simpson, Tom 85 f.
Sommer, Ron 138, 141
Steinhauser, Tobias 147 ff., 153 f., 172
Stich, Michael 70
Stöpel, Kurt 50
Strohband, Inge 31 f.
Strohband, Wolfgang 30 f., 34, 38, 40, 55, 58, 71 ff., 77, 89, 96 f., 120, 130, 132, 134, 136 ff., 142 ff., 146 ff., 150, 152, 157, 169 ff., 174

Thaler, Klaus-Peter 55
Thurau, Dietrich 10, 47, 86
Totschnig, Georg 56

Ullrich, Stefan 18 f., 76, 167, 171 f.
Ullrich, Thomas 19

187

Vasseur, Cedric 59
Virenque, Richard 46, 59 f.,
　63 ff., 68, 81, 85, 87, 91,
　98, 112, 115
Voigt, Jens 101, 153 f.

Weis, Gaby 36 ff., 44, 54,
　64, 67 f., 70, 74, 93, 118,
　120, 134, 136, 141, 146,
　158, 168, 170 f., 175
Weis, Rosemarie 37, 76, 118

Weis, Sarah Maria 158 f.,
　168
Winokurow, Alexander
　115 f., 161, 164, 174
Wolfshohl, Rolf 10

Zabel, Erik 46, 57, 81, 108,
　121, 142
Zoetemelk, Joop 12
Zubeldia, Haimar 164
Zülle, Alex 44, 147 f.

Bildnachweis

Bildteil I:
- © Bongarts: S. 4 unten
- © dpa: S. 3 beide, S. 6 unten, S. 7 oben links, S. 7 beide
- © Roth Fotos: S. 1, S.2 beide, S.4 oben, S. 5, S. 6 oben, S. 7 oben links
- © Sven Simon: S. 8

Bildteil II:
- © Bongarts: S. 4/5 unten Mitte, S. 5 oben rechts
- © dpa: S. 2 beide, S. 4 oben, S. 6 beide, S. 8
- © Roth Fotos: S. 1, S. 3 unten, S. 4 unten links, S. 7 beide
- © Sven Simon: S. 5 unten rechts
- © Ullstein: S. 3 oben

Bildteil III:
- © Bongarts: S. 2 unten links, S. 5 oben rechts
- © ddp: S. 4 unten links
- © dpa: S. 2 oben, S. 3 alle
- © Roth Fotos: S. 1, S. 4 oben, S. 5 unten, S. 6, S. 7 alle
- © Ulli Skoruppa für Bunte und Super Illu: S. 8 beide

LANCE ARMSTRONG
SALLY JENKINS

Jede Sekunde zählt

Deutsch von Thomas Pfeiffer

Lance Armstrong hat die Fortsetzung seines Megasellers »Tour des Lebens« geschrieben.
Er erzählt von seinem Leben als mehrfacher Tour-de-France-Sieger, von Familie und Freunden, seinem Sport – und von seinem täglichen Sieg über den Krebs.
Er beschreibt, wie sehr die Krankheit sein Leben verändert hat, schildert die Jahre nach seinem ersten spektakulären Sieg 1999, gewährt einen faszinierenden Blick auf die besten Radrennprofis der Welt und gibt Auskunft über seine neu gewonnene Lebensphilosophie:
»Jede Sekunde zählt« – im Leben wie im Sport.

C. Bertelsmann

GOLDMANN

*Das Gesamtverzeichnis aller lieferbaren Titel erhalten Sie
im Buchhandel oder direkt beim Verlag.
Nähere Informationen über unser Programm erhalten Sie auch im Internet unter:*
www.goldmann-verlag.de

★

Taschenbuch-Bestseller zu Taschenbuchpreisen
– Monat für Monat interessante und fesselnde Titel –

★

Literatur deutschsprachiger und internationaler Autoren

★

Unterhaltung, Kriminalromane, Thriller
und Historische Romane

★

Aktuelle Sachbücher, Ratgeber, Handbücher und
Nachschlagewerke

★

Bücher zu Politik, Gesellschaft, Naturwissenschaft und Umwelt

★

Das Neueste aus den Bereichen
Esoterik, Persönliches Wachstum und Ganzheitliches Heilen

★

Klassiker mit Anmerkungen, Anthologien und Lesebücher

★

Kalender und Popbiographien

★

Die ganze Welt des Taschenbuchs

★

Goldmann Verlag • Neumarkter Str. 28 • 81673 München

Bitte senden Sie mir das neue kostenlose Gesamtverzeichnis

Name: _____

Straße: _____

PLZ / Ort: _____